Kraft und Energie

Kraftwerk Rummelsburg - Berlin

Power and Energy

Power Plant Rummelsburg - Berlin

Hans Heinrich Müller Preis 2005

Hans Heinrich Müller Award 2005

Herausgegeben von Hans Achim Grube
Edited by Hans Achim Grube

jovis

Inhalt

Contents

Nachwuchs und Tradition.
Ein kreativer Dialog

Successors and Tradition.
A Creative Dialogue

Manfred Stolpe
Bundesminister für Verkehr-, Bau- und Wohnungswesen
Schirmherr des Hans-Heinrich-Müller-Preises 2005

Architektur entsteht aus Traditionen. Sie speist sich aus der Auseinandersetzung mit realisierten Bauwerken und den Ideen, die zu ihrer Entstehung beitrugen. Die Stadt in ihrer historischen Gestalt ist kollektiver Speicher kultureller Erinnerung und verbindender Raum für Architektur. Damit stellt sie einen Vorrat an Symbolen und gestalterischen Hinterlassenschaften dar, die immer wieder neu aufgegriffen und aktuell interpretiert werden müssen.

Der Hans-Heinrich-Müller-Preis 2005 geht dies vorbildlich an. Die von Hans Heinrich Müller in Berlin errichteten Kraftwerke und Abspannwerke von Vattenfall/Bewag sind Ikonen der Industriearchitektur in Deutschland. Indem die Ideen des Architekten zur Auseinandersetzung und Interpretation in der Gegenwart aufgerufen werden, erlangen diese Gebäude zeitgenössische Funktion. Darin liegt ein wesentlicher Teil der kulturellen Bedeutung von Architektur.

Die auf den ersten Blick so solitär wirkenden Gebäude der Stromversorgung zeichnen sich auch durch ihren städtebaulichen Bezug aus. Das Kraftwerk Rummelsburg prägt den Charakter des gesamten Ortsteils Rummelsburg. Darin spiegelt sich ein aktueller Zukunftsgedanke intelligenter Architektur. Baukultur meint die Auseinandersetzung mit Kontext, Funktion und Gestalt. Zur Wettbewerbsaufgabe wird es daher gehören, diesen Zusammenhang bewusst wieder zu suchen und, wo er zum Beispiel durch langen Leerstand verloren gegangen ist, neu zu knüpfen.

Das Bauen im Bestand ist bereits heute eine der wichtigsten planerischen Herausforderungen. Es ist absehbar, dass der Umgang mit dem Bestand den wesentlichen Teil der Bauaufgaben der Zukunft ausmachen wird. Das beinhaltet auch, dem Leerstand und Verfall von Denkmälern vorzubeugen und ihrer Bedeutung im städtischen Raum gerecht zu werden, sie für die Stadt zurückzuerobern und für die Bürger als vitalen Ort zu erhalten.

Architecture emerges from tradition. It emanates from the exploration of built structures and the ideas behind them. In its historical guise the city is a store of cultural memory and a connecting space for architecture. It is thus a pool of symbols and artistic legacies, which must continually be followed up on and reinterpreted for the current age.

The Hans-Heinrich-Müller-Award 2005 approaches this in an exemplary manner. The Vattenfall/Bewag's power and transformer stations, erected by Hans Heinrich Müller in Berlin, are icons of Germany's industrial era. Recent examination and interpretation of the architect's ideas is leading to the relocation of contemporary functions into the buildings. A considerable aspect of architecture's cultural significance lies in such moves.

A remarkable facet of the electricity supply buildings, which appear so solitary at first sight, is their position in the urban fabric. Rummelsburg Power Station shapes the character of the whole district of Rummelsburg. It reflects a present-day forward-looking notion of what rational architecture should be. The debating of context, function and design are all part of building culture. Thus the deliberate search for such connections will be part of the task of the competition, which will include re-linking ties broken due to vacancy or for other reasons.

Building in a given context is one of the most important challenges to planning today. It is obvious that the handling of existing structures will become a significant future construction assignment. This includes protecting the monuments from emptiness and decay, doing justice to their significance in the urban fabric, reclaiming them for the city and preserving these vital locations for the citizens.

The Hans-Heinrich-Müller-Award reflects the Vattenfall/Bewag's exemplary handling of its architectural legacy in several ways. It is firstly a fine example of private commitment to building culture. Monuments are usually of high architectural quality and

Kraftwerk Rummelsburg, Erweiterung des Maschinenhauses von Hans Heinrich Müller, Juni 1928
Rummelsburg Power Station, extension of the machine house by Hans Heinrich Müller, June 1928

Mit dem Hans-Heinrich-Müller-Preis geht Vattenfall/Bewag im Umgang mit dem architektonischen Erbe des Unternehmens in mehrfacher Hinsicht vorbildliche Wege. Zum einen setzt sie ein Zeichen für privates Engagement im Bereich der Baukultur. Denkmäler haben in der Regel architektonische und stadtbildprägende Qualität, ihre historische Bedeutung macht ihren Erhalt und ihre Revitalisierung zur gesellschaftlichen Aufgabe. Für die Qualität unserer gebauten Umwelt ist die Verantwortung der privaten Bauherren daher besonders gefragt. Durch intelligente Lösungen für künftige Nutzungen bleibt ein Denkmal vital – wird kein passiver, historisierter Ort, sondern ein lebendiger Teil der Stadt. Das Zusammenwirken der Disziplinen und Akteure in einem Wettbewerbsverfahren steht dabei für ein wegweisendes Herangehen an diese Planungsaufgaben.

Zum anderen ist die Zukunft deutscher Baukultur ganz wesentlich abhängig von der Förderung nachwachsender Architektengenerationen. Besonders hervorzuheben ist daher der Zuschnitt des Wettbewerbs auf Studierende. Mit der zunehmenden Bedeutung des Bauens im Bestand muss vor allem auch die Ausbildung der planenden Berufe auf diese Aufgabe eingestimmt werden. Der Hans-Heinrich-Müller-Preis fördert die frühzeitige praktische Auseinandersetzung mit historischer Architektur und Denkmalschutz, er verlangt nachhaltige Erhaltungs- und Entwicklungskonzepte und er bezieht die Wirtschaftlichkeit des Bauens mit ein.

Gute Bauwerke behalten weit über den Zeitpunkt ihrer Errichtung hinaus Geltung. Der Umgang mit dem baulichen Erbe sichert urbanistische Kontinuität und ist positiver Standortfaktor. Im Umgang mit der Substanz liegt daher Verantwortung für die jeweilige Planergeneration. Die Umgestaltung dieser Industriedenkmäler ist daher eine spannende und anspruchsvolle Aufgabe. In ihr bildet sich wesentliches von dem ab, was als Bauaufgaben der Zukunft auf uns zukommt.

are important elements in the urban texture. Their historical significance makes their preservation and revitalisation a societal task. It is therefore vital that private investors deal responsibly with the built environment whose quality depends on them. Intelligent solutions for future use keep a building eventful – rather than becoming passive and historicized it remains a lively part of the city. Cooperation between the various disciplines and actors involved in a competition is a groundbreaking approach to such planning tasks.

Furthermore the future of Germany's building culture largely depends on the advancement of younger architectural generations. A special feature of the competition is therefore that it is aimed at students. The increasing significance of building in an existing context makes it crucial to offer training in this direction to those within the fields of planning. The Hans Heinrich Müller Prize promotes early practical experience with historical architecture and monument protection. It demands sustainable preservation and development concepts including the economical aspects of building.

Building culture is a record of its time. Quality buildings hold onto their standing long after they have been erected. Exposure to a built legacy ensures urban continuity and has a positive effect on a location meaning that each generation of planners must deal responsibly with existing building stock. The restructuring of these industrial monuments is thus an exciting and demanding task. It reflects significant aspects of what the future of building holds for us.

Kraftwerk mit Zukunft. Architekturwettbewerb Kraftwerk Rummelsburg

Power Station with a Future. Rummelsburg Power Station Architectural Competition

Kraftwerk Rummelsburg, Südfassade
Rummelsburg Power Station, south façade

Jörg Haspel, Landeskonservator Berlin
Hans Achim Grube, Vattenfall Europe AG

Das Landesdenkmalamt Berlin und die zum Vattenfall Europe-Konzern gehörende Bewag lobten 2004/2005 bereits zum dritten Mal einen Studentenwettbewerb zur Umnutzung von denkmalgeschützten ehemaligen Industriegebäuden aus.

Die Vermeidung von Denkmalleerständen zählt zu den großen konservatorischen Herausforderungen der Gegenwart. Das gilt gerade in Zeiten konjunktureller Schwierigkeiten, stagnierender oder sinkender Einwohnerzahlen sowie schrumpfender Städte und insbesondere für Industrie- und Technikdenkmale, die in Phasen dramatischer Veränderungen ihre angestammte Funktion und wirtschaftliche Basis bereits eingebüßt haben oder womöglich noch verlieren werden.

Der Berliner Energieversorger Bewag hat sich in den letzten Jahren auf dem Gebiet eines denkmalverträglichen Immobilienmanagements einen besonderen Namen gemacht. Die rechtzeitige und partnerschaftliche Erarbeitung gemeinsamer Erhaltungs- und Entwicklungskonzepte für disponible Denkmalbestände haben Bewag und Berliner Denkmalbehörden inzwischen unter dem Motto „Elektropolis" zu einer Art Markenzeichen der Kooperation und Gemeinschaftsproduktion in Sachen Immobilien- und Denkmalmarketing entwickelt. Sie bieten der Bewag als Eigentümerin sowie kauf- und investitionswilligen Interessenten frühzeitig Planungs- und Investitionssicherheit und den Konservatoren eine belastbare Erhaltungs- und Nutzungsperspektive für einen überregional bedeutenden und differenzierten Industriedenkmalbestand.

Die vielfältigen Initiativen der Bewag wirken über konkrete Maßnahmen zur Nachnutzung und Nachrüstung eigener leerstandsbedrohter Denkmalobjekte hinaus. Sie fördern das grundsätzliche Verständnis für eine Strategie der erneuernden Konservierung oder erhaltenden Konversion von funktionslosen denkmalgeschützten Bau- und Technikimmobilien. Als besonders produktiv erwiesen hat sich die von der Bewag aufgenommene und inzwischen ausgebaute Zusammenarbeit mit Lehrstühlen von Studiengängen der Architektur und des Bauwesens, um einerseits im Rahmen von Semester- und Abschlussarbeiten sowie Entwurfsseminaren praxisnahe Aufgabenstellungen

In 2004/2005 the Berlin Monument Protection Department and Bewag (Berlin Electricity Supply Company), which belongs to the Vattenfall Europe Group, posted a student competition for the conversion of a listed former industrial building for the third time.

Preventing listed buildings from vacancy is one of the biggest challenges to preservation today. It is particularly arduous in times of economic difficulty, stagnating or declining population figures and shrinking cities. In this era of dramatic transformation industrial and technical monuments are under even more pressure, whether having already lost their original functions and economical basis or still facing such changes.

Over the last few years, Bewag has earned itself a good reputation in property management that is compatible to monument protection. Bewag and Berlin Monument Protection Authorities' timely and cooperative drafting of preservation and development concepts for listed building stock under the name „Electropolis", has become a trademark for collaborative property and monument marketing. It provides Bewag, the proprietor and an investment-friendly potential buyer, with early planning and investment security and the conservationists with reliable preservation and conversion prospects for an outstanding and differentiated national stock of listed industrial buildings.

The multi-faceted initiatives that have been taken by Bewag go far beyond concrete protective conversion measures and the re-fitting of listed objects in danger of remaining empty. They demand a basic understanding of a regenerative conservation strategy for or conversion of inoperable protected building and technical property.

The cooperation with chairs of architecture and building courses of study initiated and expanded by the Bewag proved exceptionally productive. It gave students the opportunity to work on real tasks in the industry and technical monument area within the framework of a term, final or design assignment while at the same time tapping into the potential offered by student projects in the process of finding new uses for such complexes.

Conservationist hopes that lessons may be learned from such

Kraftwerk Rummelsburg, Schalttechnik
Rummelsburg Power Station, switching technology

Kraftwerk Rummelsburg, Spuren der Nutzungsgeschichte
Rummelsburg Power Station, traces of history of use

der Industrie- und Technikdenkmalpflege für Studenten zu entwickeln und um andererseits das Anregungspotential von Studienprojekten für erforderliche Nachnutzungsüberlegungen fruchtbar zu machen.
Die Konservatorenhoffnung, dass solche praxisbezogenen Beispiele Schule machen, beziehungsweise verstärkt in Studium und Curriculum der Architektenausbildung Eingang finden, erscheint nicht nur im Interesse der Denkmalpflege und des ihr anvertrauten Schutzgutes unvermindert zeitgemäß. Schließlich dürfte das Bauen im Bestand langfristig weit mehr als 75 % des gesamten Bauvolumens ausmachen. Und eine Ausbildung, die dieser Aufgabenverlagerung Rechnung tragen will, wird einem bestandsorientierten Um- und Weiterbauen also nicht nur aus konservatorischen Gründen, sondern auch im Interesse einer ressourcenschonenden Nachhaltigkeitsstrategie besonderen Stellenwert einräumen.
Mit dem Hans-Heinrich-Müller-Preis legt das Energieversorgungsunternehmen Vattenfall Europe mit seinem Tochterunternehmen Bewag ein – auch überregional einmaliges – Bekenntnis zur Pflege der Bau- und Denkmalkultur ab. Die Resonanz, auf die die Ausschreibung in den einschlägigen Hochschulen stieß, und die über 140 studentischen Wettbewerbsbeiträge, die für eine ausgesprochen komplexe und auch komplizierte Aufgabenstellung eingingen, stellen sicher für alle Beteiligten eine Bestätigung und Ermutigung dar, auf dem eingeschlagenen Weg der „konservatorischen Nachwuchsarbeit" fortzuschreiten.
Der Jury unter dem Vorsitz von Prof. Dr. Paul Kahlfeldt, die eine hohe Zahl niveauvoller Beiträge beurteilen sollte, sei für ihr uneigennütziges Engagement herzlich gedankt. Ulrike Meinhold und Thorsten Dame von „Laufwerk B" haben den Wettbewerb durch ihre engagierte Betreuung wieder zum Erfolg geführt. Den studentischen Wettbewerbsteilnehmern gebührt besonderer Dank für ihre oftmals sehr intensive und auch ideenreiche Bearbeitung der anspruchsvollen Entwurfsaufgabe und den beteiligten Hochschulen beziehungsweise Hochschullehrern für ihre offenkundig kompetente und motivierende Betreuung.

practical examples and that they will become more significant within the architectural education curriculum is not only in their own interest and that of the building stock that is under their care. More than 75% of all building will ultimately be the result of construction in an existing context. An education system, capable of reacting to this shift in focus, will have to be oriented around conversion and extension in a given context, both for reasons of conservation and resource protection.
Vattenfall Europe and its daughter company Bewag has made a nationally unique commitment to the nurture of building and monument culture with the Hans-Heinrich-Müller-Award. The response to the competition in the colleges involved and the over 140 student competition entries which were received on this highly complex and complicated topic has definitively encouraged and reassured all of the parties concerned to remain on the path they have taken in search of their "successors in conservation".
Our heartfelt gratitude must be extended to the jury, chaired by Prof. Dr. Paul Kahlfeldt, for their selfless commitment in assessing a large amount of high quality entries. The dedicated supervision of Ulrike Meinhold and Thorsten Dame of "Laufwerk B" yet again ensured the competition's success.
The participating students deserve particular thanks for their often intensive and creative work on this demanding task, as do the colleges and teachers involved for their clearly competent and motivating supervision.

Heizwerk Friedrichshain, um 1953
Friedrichshain Heating Plant, around 1953

Kraft und Energie. Hans-Heinrich-Müller-Preis 2005

Power and Energy. Hans-Heinrich-Müller-Award 2005

Hans Achim Grube
Vattenfall Europe AG

Kraft strahlt das ehemalige Kraftwerk Rummelsburg auch heute noch aus. Energie aber wird hier schon lange nicht mehr produziert. Um dem seit Jahren leerstehenden Industriedenkmal dennoch wieder einen Energieschub zu versetzen, hat Vattenfall Europe, vertreten durch sein Berliner Tochterunternehmen Bewag, bereits zum dritten Mal einen Studentenwettbewerb – den Hans-Heinrich-Müller-Preis " ausgelobt.

Angehende Architekten, Stadtplaner und Denkmalpfleger sollten Ideen zur wirtschaftlichen Nach- und Neunutzung des ehemaligen Kraftwerkes Rummelsburg entwickeln.
Die vielversprechenden Ergebnisse werden in dieser Publikation vorgestellt.Vattenfall/Bewag setzt damit den seit 1998 aktiv und erfolgreich beschrittenen Weg der Umnutzung von denkmalgeschützten ehemaligen Sondergebäuden der Elektrizitätswirtschaft fort. Das Denkmalmanagement-Konzept der Bewag ist Teil des seit 1997 etablierten Immobilienmanagements (Corporate Real Estate Management).

Erfassen – Erhalten – Erleben – Erwirtschaften

Diese Handlungsschritte haben zur erfolgreichen Umnutzung von mehr als 100.000 m² – meist denkmalgeschützten – Bestandsgebäuden geführt. Die ursprünglich für unverkäuflich gehaltenen ehemaligen Abspann- und Gleichrichterwerke haben dabei entscheidend zu den Verkaufserlösen von über 250 Mio. € beigetragen. Nachdem es der Bewag gelungen war, einen Markt für denkmalgeschützte ehemalige Abspannwerke zu schaffen, deren Nachfrage nur sie erfüllen konnte, soll nun auch ein Markt für ehemalige Kraftwerke entwickelt werden.

Kraftwerk Schiffbauerdamm

Es besteht eine Nachfrage nach außergewöhnlicher Hallenarchitektur, wie sie bei Kraftwerken üblicherweise mit ehemaligen Kessel- und Maschinenhäusern vorhanden ist. Es wurden bereits beachtliche Erfolge erzielt. So entwickelte die Bewag bereits 1998 die ehemalige Zentralstation am Schiffbauerdamm zum Medienzentrum für RTL und Reuters. Das denkmalgeschützte

Rummelsburg Power Station continues to radiate power today. However, energy has not been produced here for a significant period of time. In order to give the vacant industrial monument a surge of energy Vattenfall Europe, represented by its subsidiary Bewag in Berlin, has posted the Hans-Heinrich-Müller-Award for the third time.

Prospective architects, urban planners and monument preservationists were asked to develop ideas for the economically viable conversion and revitalisation of the former Rummelsburg Power Station.
The promising results will be presented in this publication. Vattenfall/Bewag is thus continuing on the path which it has actively and successfully taken since 1998 towards the conversion of listed former special buildings of the electricity sector. The Bewag's monument protection concept is part of the corporate real estate management concept established in 1997.

Realising – Conserving – Experiencing – Gaining

These steps have led to the successful conversion of more than 100.000 m² existing buildings, most under monument protection. The onetime transformer and rectifying stations, which were originally considered unsellable, have contributed to a sales figure of over € 250 million. After the Bewag managed to create a market for listed former transformer stations, which only they could supply, they now plan to develop a market for former power stations.

Schiffbauerdamm Power Station

The unique hall architecture normally found in antiquated boiler and machine houses is currently in great demand. Substantial success has already been achieved. In 1998 the Bewag managed to develop the former central station at Schiffbauerdamm into a media centre for RTL and Reuters. The listed boiler house was converted into a television studio. The neighbouring multistorey building now accommodates further studios and office spaces for the news agency Reuters.

Heizwerk Friedrichshain, Szeneclub OstGut – Berghain
Friedrichshain Heating Plant, trend club OstGut – Berghain

Kesselhaus wurde zum Fernsehstudio umgebaut. Der angrenzende Geschossbau beherbergt heute weitere Studioflächen und Büros der Nachrichtenagentur Reuters.

Heizwerk Friedrichshain
Einen weiteren Meilenstein der Immobilienverwertung bedeutet die erfolgreiche Umnutzung des ebenfalls denkmalgeschützten ehemaligen Heizwerkes Friedrichshain. Der Gebäudekomplex wurde in den 1950er Jahren als Heizwerk für die Wärmeversorgung des Wiederaufbaus der ehemaligen Stalinallee errichtet. Nach der Stilllegung 1985 stand es jahrelang in großen Teilen leer.
2002/03 suchten die Veranstalter des Szeneclubs OstGut nach neuen Räumen, da die Deutsche Bahn das Gelände für den Bau einer Mehrzweckhalle vorbereitete.
Bewag und die OstGut-Betreiber entwickelten gemeinsam ein wirtschaftliches Nutzungskonzept. Mit Abschluss eines langjährigen Mietvertrages waren die Voraussetzungen geschaffen, die notwendigen Investitionen in die Sanierung, Modernisierung und Ausstattung als Veranstaltungsort zu realisieren. Insbesondere wurden die notwendigen Treppen und Fluchtwege entsprechend der gesetzlichen Auflagen errichtet. Ebenso wurde modernste Lüftungs- und Versorgungstechnik eingebaut. Im ehemaligen Maschinenhaus ist ein für Berlin einmaliger Veranstaltungsort entstanden. In der nächsten Stufe sollen auch noch das Kesselhaus und die angrenzenden Gebäude saniert werden.

Heizkraftwerk Charlottenburg
Auch am Traditionsstandort des Kraftwerkes Charlottenburg ist erhebliche Bewegung. Nach der Stilllegung des Kohleheizkraftwerkes wird die zuverlässige Fernwärmeversorgung weiterhin von dem bestehenden Gasturbinenkraftwerk umweltfreundlich erfüllt. Durch die Umstellung von Kohlebefeuerung auf reinen Gasbetrieb werden aber wesentliche Kraftwerksteile für die Energieversorgung nicht mehr benötigt. Es wird daher eine wirtschaftliche Nachnutzung des ehemaligen Kohlelagerplatzes, der Rauchgasentschwefelungsanlage, des 30 kV-Umspannwerkes,

Friedrichshain Heating Plant
The successful conversion of the similarly listed former Friedrichshain heating plant is a further cornerstone in property revitalisation. The building complex was erected in the 1950's for the supply of heat to the reconstructed Stalinallee. Most of it remained empty for years after it was shut down.
In 2002/03 the organisers of the top-end club OstGut were on the look out for a new location as Deutsche Bahn was in the process of turning their property into a multipurpose hall.
Bewag and the OstGut team developed an economically viable concept together. The signing of a long-term rental contract completed the conditions needed to begin the rehabilitation, modernisation and fitting out of the building to an event location. The legally required staircases and emergency exits were installed. The most up-to-date air-conditioning and building services were also fitted. The machine house was converted into an event location which is unique in Berlin. The boiler house and neighbouring buildings are to be rehabilitated in the next phase.

Charlottenburg Heating Plant
There is also a lot happening at the traditional Charlottenburg Power Station. Since the coal-run power and heat supply station was shut down, the existing environmentally friendly gas turbine power station has reliably continued to supply district heating. The changeover from coal to gas has left many parts of the power station, no longer required for power supply, vacant. An economically viable conversion of the former coal store, the smoke gas desulphurisation facilities, the 30kV transformer station, the boiler house and in the long-term, the machine house is planned. In order to comply to the wishes of Charlottenburg-Wilmersdorf district authority to open the banks of the River Spree, the Bewag has already begun to remove the coal conveyor system.
The Bewag student competition in 2002/2003 provided many ideas for conversion. At the moment technical equipment is being dismantled, particularly the smoke gas desulphurisation facilities, to make room for the new uses.

Altes Kraftwerk Mitte, Innenraum nach Demontage 2. Ebene
Former Mitte Heating Plant, Interior after stripping, 2nd level

des Kesselhauses und langfristig auch des Maschinenhauses geplant. Um insbesondere dem Wunsch des Bezirksamtes Charlottenburg-Wilmersdorf zu entsprechen, den Uferweg an der Spree zu öffnen, hat die Bewag bereits mit dem Rückbau der Kohleförderanlage begonnen. Umnutzungsperspektiven hatte der Bewag-Studentenwettbewerb in den Jahren 2002/03 geliefert. Zur Vorbereitung der möglichen Nachnutzungen erfolgt derzeit die Demontage der technischen Anlagen, insbesondere der Rauchgasentschwefelungsanlage.

Heizkraftwerk Mitte
Zu einem weiteren Höhepunkt im Bereich Kraftwerksnachnutzung könnte sich das stillgelegte ehemalige Heizkraftwerk Mitte entwickeln. Es gibt Überlegungen, den Standort als Kunst und Veranstaltungsraum zu nutzen. Vattenfall/Bewag hoffen gemeinsam mit den möglichen Betreibern, dass das zukunftsweisende Konzept vom Senat und den zahlreichen Genehmigungsbehörden des Bezirks unterstützt wird.

Kraftwerk Rummelsburg
Das Schicksal des ehemaligen Kraftwerkes Rummelsburg war nach seiner Stilllegung äußerst wechselhaft. Zu DDR-Zeiten wurden die Flächen noch für Lager- und Verwaltungsnutzungen benötigt. Da aber die notwendigen baulichen Instandhaltungen ständig stiegen, wurde der Standort 1989 geräumt, da inzwischen auch das Kesselhaus stark sanierungsbedürftig war. Die Bewag strebte ab 1995 den Abriss des Gesamtareals an. 1998 einigten sich Bewag und das Landesdenkmalamt in einem öffentlich-rechtlichen Vertrag auf ein Teilerhaltungskonzept für das Verwaltungsgebäude und das Maschinenhaus.Da das Kesselhaus nicht mit wirtschaftlich vertretbaren Mitteln zu erhalten war, wurde dem Abriss zugestimmt.
Der 2004/05 von Vattenfall/Bewag ausgeschriebene Architektenwettbewerb, der Hans-Heinrich-Müller-Preis, sollte erste Ansätze für neue Nutzungen fördern. Die vorliegende Dokumentation dient sowohl der Dokumentation des Wettbewerbes und seiner Ergebnisse als auch als Grundlage für einsetzende

Mitte Heating Plant
The closed down former Mitte Heating Plant could reach a further climax in the power station conversion arena. There have been thoughts of making the complex into an art and event location. Vattenfall/Bewag and the future operators are hopeful that the forward–looking concept will receive support from the senate and the numerous planning authorities involved.

Rummelsburg Power Station
The fate of the former Rummelsburg power station has been extremely unsettled. The spaces were used for storage and administration in the GDR era. Continuously increasing structural damage and the fact that the boiler house was in desperate need of repair led to the clearing of the area in 1989. From 1995 onwards the Bewag pushed for the demolition of the whole complex. In 1998 Bewag and Berlin Monument Protection Department reached an agreement in a public law contract on a part-preservation concept for the administration building and the machine house. A demolition notice was granted for the boiler house, as it would have been impossible to rehabilitate it within reasonable economic limits.
The Hans-Heinrich-Müller-Award posted by Vattenfall/Bewag in 2004 /2005 was intended to provide initial ideas for new uses. The following documentation is both a report on the competition and its results and a basis for potential investment negotiations. The imposing machine house hall and the complex's prominent location on the River Spree opposite Plänterwald provide particular potential for the use of the buildings and the further urban development of Stralau Water City.
Vattenfall/Bewag consider the competition an opportunity to further develop architectural education in cooperation with other fields of study such as Landscape Planning, Urban Planning and Real Estate Business on a real project.

Assumptions:

1. Carrying out modifications on monuments is both economically and technically realisable.

Kraftwerk Rummelsburg, Nordgiebel der Maschinenhalle
Rummelsburg Power Station, north gable of machine hall

Investorengespräche. Insbesondere die imposante Halle des Maschinenhauses wie auch die prominente Spreelage gegenüber dem Plänterwald bieten Möglichkeiten für die bauliche Nutzung der Gebäude und die städtebauliche Weiterentwicklung des Bereiches Wasserstadt Stralau.
Vattenfall/Bewag sehen in dem Wettbewerb die Chance, die Architekturausbildung in Verbindung mit anderen Fachrichtungen wie Landschaftsplanung, Städtebau und Immobilienwirtschaft am Beispiel realer Projekte weiterzuentwickeln.

Die Grundthesen:

1. Denkmale sind wirtschaftlich und technisch umnutzbar.
2. Denkmalmanagement führt zu Wertsteigerung.
3. Denkmale sind eine wertvolle Ressource.

Wichtig für den langfristigen Erhalt der vielen noch leerstehenden Zeugnisse der Elektropolis Berlin ist die Zusammenarbeit zwischen Eigentümer, Nutzer, Denkmalämtern und den weiteren Genehmigungsbehörden. Wird diese Kooperation erreicht, erscheint ein langfristiger technischer und wirtschaftlicher Erhalt der Zeugnisse der erfolgreichen Industriegeschichte von Berlin, Bewag und Vattenfall möglich.
Vattenfall und Bewag bedanken sich bei allen Teilnehmern des Wettbewerbes, dem Bundesminister für Verkehr, Bau- und Wohnungswesen, Herrn Dr. Manfred Stolpe sowie dem Landesdenkmalamt mit Professor Dr. Jörg Haspel.
Besonderer Dank gilt auch „Laufwerk B", Frau Ulrike Meinhold und Herrn Thorsten Dame und der Wettbewerbsjury mit Herrn Nikolaus Bernau, Herrn Professor Dr. Johannes Cramer, Herrn Professor Dr. Paul Kahlfeldt, Herrn Jan Kleihues, Frau Professorin Ulla Luther und Herrn Eberhard Ortmann.

2. Monument management results in a higher value of monuments.
3. Monuments are a valuable resource.

Cooperation between proprietors, occupants, monument protection departments and planning authorities is vital for the long-term preservation of the many still vacant legacies of Electropolis Berlin.
As long as this cooperation can be reached, Bewag and Vattenfall consider the long-term preservation of the inheritance from Berlin's successful industrial era feasible.
Vattenfall and Bewag would like to thank all the participants in the competition, the Federal Minister for Transport, Building and Housing, Dr. Manfred Stolpe, and Berlin Monument Protection Department with Professor Dr. Jörg Haspel.
Particular thanks is due to "Laufwerk B", Ms. Ulrike Meinhold and Mr. Thorsten Dame and the competition jury: Mr. Nikolaus Bernau, Professor Dr. Johannes Cramer, Professor Dr. Paul Kahlfeldt, Mr. Jan Kleihues, Professor Ulla Luther and Mr. Eberhard Ortmann.

Grube, Hans Achim (Hg.):
Kraft und Energie. Kraftwerk Rummelsburg.
Hans-Heinrich-Müller-Preis 2005.
Berlin 2005

Publikationen zum Denkmalmanagement der Bewag

Publications on the Bewag's Monument Management

Thorsten Dame
Laufwerk B

Wie kaum ein anderes Unternehmen hat die Bewag ihre Erfahrungen im Umgang und der Weiterentwicklung ihrer historischen Bauten in Publikationen der Öffentlichkeit zugänglich gemacht. Durch das Engagement von Dr. Hans Achim Grube, dem Leiter der Immobilienabteilung der Bewag, wurden neben der Auflage einer eigenen Publikationsreihe zu den denkmalgeschützten Bauten auch wissenschaftliche Veröffentlichungen zur Unternehmensarchitektur gefördert.
In den vergangenen fünf Jahren wurden mehr als zehn Veröffentlichungen zum Baubestand der Bewag herausgegeben, von denen auf diesen Seiten eine Auswahl wiedergegeben ist. Sie alle belegen die hohe architektonische Qualität der Bauten der Stromversorgung, die die Bewag in ihrer mehr als 120- jährigen Unternehmensgeschichte im metropolitanen Stadtraum von Berlin errichtet hat.
Die Veröffentlichungsreihe geht über die bloße Darstellung der Gebäude und ihrer Architekten hinaus. Sie beschreibt ebenso die Arbeit der Immobilienabteilung in der wertschöpfenden Entwicklung des historischen Erbes durch die Erarbeitung von wirtschaftlichen und denkmalgerechten Nachnutzungskonzepten für nicht mehr betriebsnotwendige Großbauten.
Durch die wissenschaftliche Erforschung des Gebäudebestandes, die Werterhaltung durch kontinuierliche Pflege und die Zusammenarbeit mit dem Landesdenkmalamt Berlin sowie mit Universitäten und Architekten in der Entwicklung von Umnutzungskonzeptionen hat die Immobilienabteilung der Bewag in den vergangenen Jahren eine Vielzahl ihrer Bauten erfolgreich einer neuen Nutzung zuführen können. Auf diese Weise wurde gleichzeitig mit der Wertsteigerung der Bestandsimmobilien ein wichtiger Beitrag zum Erhalt der denkmalgeschützten Substanz geleistet.

The Bewag has made its experience in the development of historical buildings accessible to others to a unique extent in its many publications. Dr. Hans Achim Grube's (head of the Bewag's Property Department) commitment has led to the sponsoring of several scientific papers on corporate architecture on top of the company's own series of publications on listed buildings. In the last five years the Bewag has published more than ten volumes on building in an existing context, some of which will be introduced here. They are all proof of the high architectural quality of the buildings erected by the Bewag for electricity supply in Berlin's metropolitan cityscape over a period of 120 years.
The publication series exceeds a mere description of the buildings and the architects. It also describes the work carried out by the property department in increasing the value of its historical legacy by producing economically viable and monument compatible concepts for the new use of the obsolete large building structures.
Scientific research on the existing buildings, their preservation through constant maintenance and cooperation with Berlin Monument Protection Department as well as universities and architects in the development of conversion concepts, has led the Bewag's property department to successfully find new uses for many of its buildings. Therefore, as well as increasing the value of its existing property, an important contribution has also been made to the general conservation of the city's listed building stock.

Bewag (Hg.):
Elektropolis Berlin.
Historische Bauten der Stromverteilung,
Berlin 2000

Bewag (Hg.):
Elektropolis. Chancen & Visionen.
Projektarbeiten der TFH Berlin,
Berlin 2002

Bewag (Hg.):
Konversion. Kraftwerk Charlottenburg.
Ideenwettbewerb 2002/03,
Ausstellungskatalog, Berlin 2003

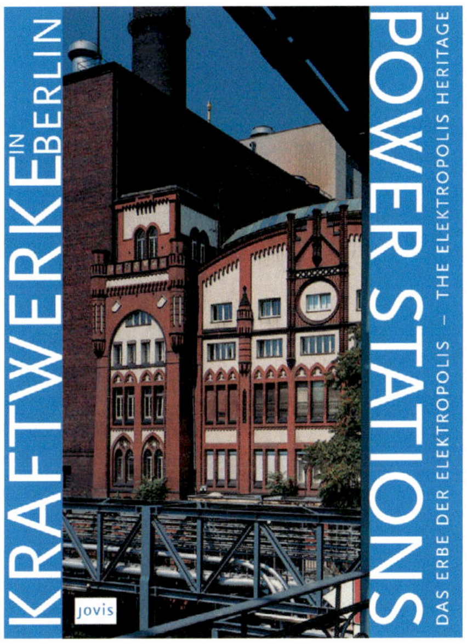

Bewag (Hg.):
Kraftwerke in Berlin.
Das Erbe der Elektropolis,
Berlin 2003

Grube, Hans Achim:
Renaissance der E-Werke.
Industriearchitektur im Wandel,
Berlin 2003

Bewag (Hg.):
Perspektiven junger Architektur.
Hans-Heinrich-Müller-Preis 2004,
Berlin 2004

13

Kahlfeldt, Paul:
Die Logik der Form. Berliner Backsteinbauten
von Hans Heinrich Müller,
Berlin 2004

Stiftung Denkmalschutz Berlin (Hg.):
Berlin leuchtet.
Höhepunkte Berliner Kraftwerksarchitektur,
Berlin 2003

Feireiss, Kristin/Commerell, Hans-Jürgen (Hg.):
Kahlfeldt-Architekten.
Transformatoren | Transformationen.
Berlin 2001

Preisgericht
Jury

Hans-Heinrich-Müller-Preis 2005. Der Architekturwettbewerb

Hans-Heinrich-Müller-Award 2005. The Architectural Competition

Ulrike Meinhold
Laufwerk B

Nach den Erfolgen der Wettbewerbe Kraftwerk Charlottenburg (2003) und Abspannwerk Wilhelmsruh (2004) setzt die Bewag mit der erneuten Ausschreibung des Hans-Heinrich-Müller-Preises ihr Engagement für die Ausbildung künftiger Architekten und die Wertevermittlung ihrer denkmalgeschützten Bauten fort. Der mit 5 000 € dotierte Preis wurde traditionsgemäß am 20. April 2005 anlässlich des Geburtstages von Hans Heinrich Müller (1879–1951) verliehen. Der ehemalige Chefarchitekt der Bewag entwarf in den 1920er Jahren für die Realisierung des metropolitanen Stromverteilungsnetzes in Berlin zahlreiche Neubauten und zeichnete für die Erweiterung bestehender Kraftwerke verantwortlich. Seine Gebäude stehen heute fast alle unter Denkmalschutz und bilden ein stadtweites Netz hochkarätiger Technikdenkmale.

Der diesjährige Ideenwettbewerb hatte die Erarbeitung von denkmalgerechten und wirtschaftlich tragfähigen Nutzungskonzepten für das Kraftwerk Berlin-Rummelsburg zur Aufgabe und richtete sich an Studierende der Architektur und Denkmalpflege an Hochschulen und Fachhochschulen in ganz Europa. Es wurden 144 Wettbewerbsbeiträge eingereicht, die von 254 Studenten von 41 Hochschulen aus Deutschland, Österreich, der Schweiz, Dänemark, Finnland, Frankreich, Litauen, Polen, Portugal und der Slowakei verfasst wurden. Der überwiegende Teil der Beiträge, die als Einzel- oder Gruppenarbeit entwickelt wurden und oft Grundlage für Diplomarbeiten sind, wurde an den Hochschulen intensiv durch die Lehrstühle betreut. Einige Arbeiten sind von den Studierenden eigenverantwortlich erstellt worden.

Den Teilnehmern standen im Rahmen der Wettbewerbsunterlagen neben digitalen Plangrundlagen und einer Fotodokumentation auch erläuternde Texte zur Geschichte des Standortes und seiner Denkmalrelevanz sowie wirtschaftliche Parameter zur Verfügung. Damit sich die Teilnehmer die gebotene Kenntnis der Örtlichkeit verschaffen konnten, wurden Vor-Ort-Termine angeboten, bei denen in Form geführter Begehungen das gesamte Wettbewerbsgebiet und das Gebäude detailliert und

Following the success of the Charlottenburg Power Station (2003) and Wilhelmsruh Transformer Station (2004) competitions, the Bewag has again displayed its interest in the education of future architects and in the appraisement of its listed building stock by posting the Hans-Heinrich-Müller-Award. The prize money amounting to €5000 was awarded in accordance with tradition on 20 April 2005 which is Hans Heinrich Müller's (1879 – 1951) birthday. The former head architect for the Bewag designed many new buildings and extensions to existing power stations for the metropolitan electricity network set up in Berlin in the 1920's. Hans Heinrich Müller`s buildings are now nearly all listed and form a citywide network of top-class technical monuments.

The subject of this year's ideas competition was to find an economically viable and monument protective new use for Rummelsburg Power Station in Berlin. It was open to students of Architecture and Monument Preservation at colleges and technical colleges throughout Europe. 144 projects were entered into the competition which were composed by 254 students from 41 colleges in Germany, Austria, Switzerland, Denmark, Finland, France, Lithuania, Poland, Portugal and Slovakia. Most of the projects, which were developed by individuals and groups and were often the basis for Masters projects, were intensively supervised by the schools involved. Some were a result of independent work by the students.

The competition frame work included the provision of the participants with digital plans, photographic documentation and texts on the history of the location and its relevance as far as monument protection is concerned as well as the economical parameters of the area.
Inspections of the complex were organised for participants in order to allow them to get to know the building and the area. Each time, a guided tour of the whole competition area allowed participants a detailed insight into the building orientated around the design process.

Preisverleihung im Abspannwerk Humboldt
Award ceremony at Humboldt Transformer Station

am Arbeitsprozess der Teilnehmer orientiert, in Augenschein genommen werden konnte.
Nach sechs Monaten Bearbeitungszeit wurden die Wettbewerbsarbeiten eingereicht und einer intensiven Vorprüfung unterzogen. Am 9. April 2005 hatte das Preisgericht über die Beiträge zu entscheiden.

Zum Gremium waren geladen:

- Dipl.-Ing. Nikolaus Bernau, Architekturjournalist, Mitglied des Landesdenkmalrates Berlin
- Prof. Dr.-Ing. Johannes Cramer, Architekt, Berlin
- Dr.-Ing. Hans Achim Grube, Leiter Bereich Immobilien, Vattenfall Europe AG
- Prof. Dr. Jörg Haspel, Landeskonservator, Landesdenkmalamt Berlin
- Prof. Dr.-Ing. Paul Kahlfeldt, Architekt, Berlin
- Dipl.-Ing. Jan Kleihues, Architekt, Berlin
- Prof. Dipl.-Ing. Ulla Luther, Staatsrätin a.D., Architektin und Stadtplanerin, Berlin
- Dipl.-Ing. Eberhard Ortmann, Stadtplanungsamt, Bezirksamt Treptow-Köpenick von Berlin

Fünf Beiträge erfuhren besondere Wertschätzung durch die Jury und wurden deshalb mit dem diesjährigen Hans-Heinrich-Müller-Preis ausgezeichnet. Die Preise sind anlässlich der Eröffnung der Ausstellung aller Wettbewerbsarbeiten im Abspannwerk Humboldt durch die Auslober Dr. Hans Achim Grube (Vattenfall Europe AG) und Prof. Dr. Jörg Haspel (Landeskonservator, Landesdenkmalamt Berlin) feierlich verliehen worden. Mit der Ausstellung wurde es sowohl allen Teilnehmern als auch Architekten, Denkmalpflegern und der interessierten Öffentlichkeit ermöglicht, sich ein anschauliches Bild von der Bandbreite der Umnutzungskonzepte zu verschaffen.

After a period of six months the competition entries were handed in and given intensive preliminary inspection. The jury was to make its decision on 9 April 2005.

The following persons were invited to the panel:

- Dipl.-Ing. Nikolaus Bernau, Architecture Journalist, Member of Berlin Monument Protection Counsel
- Prof. Dr.-Ing. Johannes Cramer, Architect, Berlin
- Dr.-Ing. Hans Achim Grube, Head of Real Estate Vattenfall Europe AG
- Prof. Dr. Jörg Haspel, County Conservationist, Berlin Monument Protection Department
- Prof. Dr.-Ing. Paul Kahlfeldt, Architect, Berlin
- Dipl.-Ing. Jan Kleihues, Architect, Berlin
- Prof. Dipl.-Ing. Ulla Luther, Privy Council retired, Architect and Urban Planner, Berlin
- Dipl.-Ing. Eberhard Ortmann, Urban Planning Department, Treptow-Köpenick, Berlin

Five entries were felt by the jury to be of particular value and were thus awarded with this year's Hans-Heinrich-Müller-Award. Dr. Hans Achim Grube (Vattenfall Europe AG) and Prof. Dr. Jörg Haspel (County Conservationist, Berlin Monument Protection Department) presented the prizes at the opening ceremony of the competition exhibition in Humboldt transformer Station. The exhibition gave participants, architects, monument conservationists as well as the general public an overview of the wide spectrum of concepts which emerged for the reuse of the building.

Das Kraftwerk Rummelsburg. Zur Geschichte des Standorts

Rummelsburg Power Station. History of the Location

Thorsten Dame
Laufwerk B

Nein, wie verkennen Sie den unersättlichen Elektrizitätshunger der Menschheit, der in wenigen Jahren sich einstellen wird. Statt dieser Kellerräume mit ihrem ohrenbetäubenden Lärm sehe ich hohe, luftige Riesenhallen und vieltausendpferdige Maschinen, die automatisch und geräuschlos die Millionenstadt mit Licht und Kraft versorgen.

Mit diesen Worten begegnete Emil Rathenau, der Gründer der Allgemeinen Elektrizitätswerke (AEG) und ihres Tochterunternehmens, den Berliner Elektrizitätswerken (BEW), der Kritik an der ersten städtischen Stromversorgungsanlage in den Kellerräumen des Hauses Friedrichstraße 85. Felix Pinner, der Biograf Rathenaus, veröffentlichte diese Replik in seiner 1918 erschienenen Chronik „Emil Rathenau und das elektrische Zeitalter".
Aus dem kleinen Betrieb, der 1884 in der Friedrichstraße die erste kleine Blockstation zur Erzeugung elektrischer Energie für renommierte Restaurants in unmittelbarer Nachbarschaft in Betrieb genommen hatte, war in den Folgejahren ein wirtschaftlich weit verzweigtes Unternehmen geworden, das neben Siemens den Ruf Berlins als „Elektropolis" unter den Metropolen der Welt begründete. Die Nutzbarmachung elektrischer Energie unterstützte die rasche Entwicklung Berlins als Wirtschafts- und Gesellschaftsraum. Elektrische Aufzüge und Rolltreppen förderten den Hochhausbau, erschlossen die Verkaufsebenen der auf viele Geschosse angewachsenen Kaufhäuser und bewirkten damit die wirtschaftliche Ausnutzung des teuren Baugrundes in der Stadt.
Der elektrische Betrieb des städtischen Nahverkehrs ermöglichte zur Erschließung des wachsenden Territoriums der Stadt den Massenverkehr und die Anlage von neuen Quartieren mit Anbindung an die gesamtstädtische Infrastruktur. Die Elektromotoren der Fabriken steigerten die Produktivität der Unternehmen und unterstützten die Entwicklung Berlins zur größten Industriemetropole auf dem Kontinent. Die Fernmelde- und Funktechnik machte die Elektrizität zur Beförderin einer zunehmend über Informationen verfügenden und differenzierten Stadtgesellschaft. Lichtspielhäuser und Theater machten von

No, how you misjudge man's insatiable hunger for electricity, which will phase out in a few years! Instead of these deafening cellar rooms I envisage giant, airy halls and their many thousand-horse power machinery silently and automatically providing the metropolis with light and power.

These were the words with which Emil Rathenau, founder of the General Electricity Works (AEG) and its daughter company Berlin Electricity Works (BEW), responded to criticism of the first urban electricity supply facilities in the cellar of Friedrichstrasse 85. Felix Pinner, Rathenau's biographer, published this response in his chronicle of 1918 "Emil Rathenau and the Era of Electricity".
Within a few years, a far-reaching business had developed from the once small company, which had begun with a single power station in Friedrichstrasse in 1884 supplying electricity to renowned restaurants in the immediate surroundings. It, along with companies such as Siemens, earned Berlin the name "Electropolis" and established the city as a world metropolis.
The utilisation of electric energy pushed forward Berlin's rapid development into a business and societal centre. Electric elevators and escalators boosted higher building, connected the sales floors of department stores which were developing to become multi-storey units and thus resulted in the economic optimisation of expensive building ground in the fast growing metropolis.
The electric operation of public transport connected the growing city territory and facilitated the building of new settlements linked to the overall city infrastructure. Electrical motors in factories increased production and bolstered Berlin's development into the largest industrial metropolis on the continent. Television and radio technology made electricity the power behind an ever more informed and sophisticated city society. Cinemas and theatres made the most of the new technology. The lighting up of streets, squares, monuments and buildings provided the city with a new medium for advertisement, hierarchy of place and self-portrayal.

Kraftwerk Rummelsburg, Turbinen in der Maschinenhalle
Rummelsburg Power Station, turbines in the machine hall

der neuen Technik Gebrauch. Die Beleuchtung von Straßen, Plätzen, Monumenten und Gebäuden gab der Stadt ein Mittel zur Werbung, Hierarchisierung von Orten und zur Selbstdarstellung in die Hand.

Für die Versorgung des ausgedehnten Berliner Stadtraums waren seit der Unternehmensgründung der AEG mit ihrer Tochter BEW eine Reihe von Verträgen mit dem Magistrat geschlossen worden, die die Lieferungsleistungen und den Ausbau der Kraftwerke reglementierten. Die Ausdehnung des Versorgungsgebietes wurde wesentlich von technischen Neuerungen getragen: Mit der erfolgreichen Einrichtung der ersten Drehstromanlage im Kraftwerk Schiffbauerdamm war es seit 1896 möglich geworden, außerhalb der Innenstadt Kraftwerke zu errichten, die größer und leistungsfähiger waren als die in engen räumlichen Grenzen erbauten Innenstadtwerke. Als erste Überland-Zentrale nahm die AEG im September 1897 in Oberschöneweide das Kraftwerk Oberspree in Betrieb. Drei Jahre später ging das Kraftwerk Moabit der Berliner Elektrizitätswerke (BEW) ans Netz. Franz Heinrich Schwechten wurde als Architekt dieses Kraftwerkes sowie der in den einzelnen Versorgungsgebieten gelegenen Umspannwerke, die die Transformation und Umformung des gelieferten Drehstroms in Gleichstrom vornahmen, von der BEW beauftragt.

Trotz der durch die Kraftwerksneubauten erreichten Leistungssteigerung wurde aufgrund der wachsenden Nachfrage nach elektrischem Strom das System bereits wenige Jahre später an seine Grenzen geführt. Die Abgabe von Kraftstrom für das Berliner Gewerbe wurde daraufhin seit April 1906 tariflich an die Verpflichtung gebunden, in den Wintermonaten zwischen 16 und 20 Uhr einer Stromsperre zuzustimmen. Ab September 1906 mussten die BEW alle Neuanschlüsse ablehnen, solange keine vertragliche Einigung mit dem Magistrat über die Steigerung der bisher genehmigten Liefermenge getroffen war.

Mit einem Zusatzvertrag vom Februar 1907 wurden seitens der Stadt die Ausbaubeschränkungen aufgehoben. Gleichzeitig verpflichtete sich das Unternehmen, alle im Versorgungsgebiet auftretenden Strombedürfnisse zu erfüllen. Alle Erweiterungen

After AEG and its daughter company the BEW were founded, a series of contracts was signed with the magistrate to regulate the terms of the supply of electricity to the growing Berlin city area and the building of the power stations required for that task. The expansion of the supply area was also a result of the technical advances taking place: the successful set-up of the first three-phase-current power station at Schiffbauerdamm in 1896 facilitated the construction of power stations outside the inner city which were bigger and more powerful than those built in the small spaces available in the centre. Oberspree power station was the first interurban centre opened by the AEG in September 1897. Three years later Berlin Electricity Works' (BEW) Moabit power station went into operation. Franz Heinrich Schwechten was the architect of this power station and was also commissioned by the BEW to design transformer stations in the individual supply areas which transformed and converted the three-phase current delivered into direct current.

Despite the increasing supply capacity resulting from the new power stations, a continuously growing demand for electricity again pushed the system to its limits within a few years. From April 1906 onwards customers paying the electricity tariff for trade were obligated to cut off their power between 4 and 8 pm in the winter months. From September 1906 onwards, the BEW was forced to refuse to make any new connections until it could reach an agreement with the magistrate to increase the amount of electricity it had been authorised to supply.

A supplementary agreement made in February 1907 removed any restrictions which there had been on extending the system. The company was also obligated to meet all demand for electricity which arose in the supply area. All extensions and new buildings as well as changes to the basic rates charged for electric current first had to be presented to the magistrate for approval. In anticipation of the new agreement, the BEW had planned a new power station on a plot of land in Rummelsburg in 1906 and had already applied for planning permission so that it would be able to meet the demand for electricity as quickly as possible when it came through.

Kraftwerk Rummelsburg um 1909
Rummelsburg Power Station around 1909

und Neubauten sowie auch Änderungen im Grundpreis für Kraftstrom mussten folgend dem Magistrat zur Genehmigung vorgelegt werden. In Voraussicht auf die vertragliche Einigung hatten die BEW bereits 1906 in Rummelsburg ein Grundstück an der Spree für den Neubau eines Kraftwerkes vorgesehen und einen Bauantrag eingereicht, um in kurzer Zeit in der Lage zu sein, den wachsenden Strombedarf zu decken.

Das 1906–07 durch die Bauabteilung der Berliner Elektrizitätswerke (BEW) unter Leitung von Oskar Springmann in den tradierten Formen des wilhelminischen Industriebaus errichtete Kraftwerk bestand im ersten Bauabschnitt aus den nördlichen Teilbereichen des Kessel- und Maschinenhauses, dem bereits vollständig ausgebauten Betriebsgebäude an der Rummelsburger Landstraße und einem an der Nalepastraße gelegenen Direktorenwohnhaus, das in den zwanziger Jahren den Erweiterungen von Maschinen- und Kesselhaus weichen musste.

Im zweischiffigen Kesselhaus wurden die Dampfkessel über eine in der Mittelachse gelegene Förderanlage mit den über die Spree gelieferten Kohlen beschickt. Die Schornsteine des Kesselhauses ragten mit 80 Meter Höhe weit über die Halle hinaus und riefen, als Landmarke mit der 61 Meter hohen Siegessäule verglichen, die Bewunderung zeitgenössischer Betrachter hervor. Der im Kesselhaus produzierte Dampf wurde im benachbarten Maschinenhaus zum Betrieb der in der zweigeschossigen Halle aufgestellten modernen Turbodynamos genutzt.

Der Innenraum der Maschinenhalle wird durch den Rhythmus der Wandvorlagen, die die Kranbahn tragen, wirkungsvoll gegliedert, die Wandflächen sind in einfachen Mustern in gelbem und rotem Stein ornamentiert.

Der helle, gemusterte Fliesenboden und die großen, verglasten Dachflächen über den feingliedrigen Bindern gehen auf die Forderungen des Berliner Kraftwerksingenieurs Georg Klingenberg zurück, der zur Aufrechterhaltung von Sauberkeit und wegen der Konzentration der Arbeiter auf ausreichend Licht und helle, schmutzunempfindliche Böden Wert legte. Die Überwachung der Anlagen erfolgte über eine an der Ostwand gelegene Galerie, die mit den Schaltanlagen im angrenzenden Betriebsge-

In 1906/07 the building department of Berlin Electricity Company, under the leadership of Oskar Springmann, erected the first phase of the power station building in typical Wilhelminian industrial style. It consisted of the northern parts of the boiler and machine houses, the whole of the operation building on Rummelsburger Landstrasse and a house for the manager on Nalepastrasse which was sacrificed in the 1920's to make room for extensions to the machine and boiler houses.

A steam boiler in the double-naved boiler house was supplied with coal, delivered via the River Spree, by a conveyor system running along the building's central axis. The boiler house chimneys soared 80 metres into the sky, compared to the 61 metre high Victory Column, to the admiration of its contemporary be-holders. The steam produced in the boiler house was used in the neighbouring machine house to run the modern turbo dynamo accommodated in the two-storey hall.

The interior of the machine hall is strikingly articulated by the rhythm of the extruding wall brackets which hold the crane tracks. The wall areas are decorated in simple patterns of red and yellow stone.

The light, patterned floor tiles and the large glazed roof areas over the slender truss beams may be accredited to Berlin power station engineer Georg Klingenberg who attached great importance to cleanliness and a stain resistant floor covering, and to sufficient light and brightness to improve employee's levels of concentration. The equipment was supervised from a gallery on the east wall which was connected to the switch facilities in the neighbouring operation building. The originally open gallery was gradually covered over by the still existing metal barrier. The operation building housed the works' common rooms and administration as well as the still existing equipment control systems.

The machine and boiler houses were extended in 1910, 1914 und 1917 according to planning permission received in 1906. Hans Heinrich Müller's extension to the southern perimeter of the site (boiler house 1925–26, machine house 1926–29) provided the power station with its new façade and thereby with a

Kraftwerk Rummelsburg, Querschnitt 1907
Rummelsburg Power Station, cross section 1907

bäude verbunden war. Die zunächst offene Galerie wurde in den Folgejahren sukzessive mit der noch heute vorhandenen Stahleinhausung versehen. Neben der Regeltechnik für die Anlagen, die zum Teil ebenfalls bis heute erhalten ist, waren im Betriebsgebäude auch die Gemeinschaftsräume und die Verwaltung des Werkes untergebracht.
Maschinen- und Kesselhaus wurden 1910, 1914 und 1917 nach Maßgabe des 1906 eingereichten Bauantrages vergrößert. Erst die Erweiterung durch Hans Heinrich Müller bis an die südliche Grundstücksgrenze (Kesselhaus 1925–26, Maschinenhaus 1926–29) gab dem Kraftwerk in der Fassadensprache ein neues Erscheinungsbild. Das Maschinenhaus wurde von Müller mit der an der Rummelsburger Landstraße gelegenen Gebäudekante bis an die Grundstücksgrenze geführt und erhielt als Abschluss einen hoch aufragenden Treppengiebel, der mit seiner intendierten Fernwirkung weithin sichtbar als Auftakt der Indus-trielandschaft an der Rummelsburger Bucht in Abgrenzung zu den Landschaftsräumen im Süden wirkte. Die Erweiterung des Kesselhauses führte bis an die Bauflucht der diagonal verlaufenden Nalepastraße heran. Zum Ausgleich des orthogonalen Ordnungsschemas des Kesselhauses zur Diagonalen der Giebelwand wurde im nicht für die Kessel nutzbaren Hallenbereich ein dreieckiger Geschossbau eingefügt, der Lager-, Werkstatt- und Gemeinschaftsräume aufnahm. Entlang der Nalepastraße wurde die Bauflucht des Kesselhauses mit einer Umfassungsmauer bis an das Maschinenhaus herangeführt und band die Großbauten in der Sockelzone geschickt und einfach zu einer Einheit zusammen. In der flächigen Verwendung des Backsteins, der Ausbildung der Gesimse und durch tiefe Fenstereinschnitte entwickelte Hans Heinrich Müller den Anbau im architektonischen Ausdruck der zwanziger Jahre weiter und vermittelte sein Selbstverständnis einer Fortführung des Bestandsbaus – als gegensätzliche Haltung zur additiven Ergänzung – durch die Beibehaltung des Materials und durch Verzicht auf die Ausbildung einer trennenden Gebäudefuge. Die durch Pfeilervorlagen gegliederte Fassade des Betriebsgebäudes von 1906/07 war in der Unterteilung von Sockelgeschoss, Hauptgeschoss und Mezzanin

new image. Hans Heinrich Müller extended the machine building to the borders of the site by placing its edge, a towering stepped gable, on Rummelsburger Landstrasse. Its intended long-distance effect was a prelude to the industrial landscape on Rummelsburger Bucht and acted as a barrier to the countryside in the south. The boiler house extension ran along the line of the diagonal Nalepastrasse. A triangular multi-storey building for stores, workshops and common rooms, was put into the hall area behind the diagonal gable end which could not be used for the boilers due to the orthogonal organisation required for the boiler house. The line of the boiler house was extended by a perimeter wall along Nalepastrasse as far as the machine building and joined the two buildings neatly and simply in the plinth. His brick surfaces, the shaping of the cornices and the use of deep windows are evidence of Hans Heinrich Müller's further development of the typical 1920's style. He expresses that his is a continuation of the original building – rather than an addition to it – by sticking to the original materials and by excluding a seam, which would have highlighted the separation of both parts. The 1906/07 façade of the operation building which is structured by columns and divided into plinth, main and mezzanine storeys was deceptive due to a two-storey window in the main storey which did not reflect the four storey structure behind the façade. In all parts of the building Müller made sure that the façade reflected the rooms behind them: the halls were represented by vertical window slits and the multi-storey building in Nalepastrasse by regular window openings. The staircase in the central axis of the Nalepastrasse façade, which is lit from top to bottom by a window slit ending in a round arch, establishes a connection to the vertical windows of the hall areas, which impressively continue around the corner of the building. Apart from the power station buildings, a coal storage area, extensive conveyor systems and a rail connection also occupied the site. Most of these were removed when the power station was shut down in 1966. The chimneys were dismantled and the halls were used as storage space having been freed of their technical fittings.

Kraftwerk Rummelsburg, Fassaden von Hans Heinrich Müller
Rummelsburg Power Station, façades by Hans Heinrich Müller

noch irreführend durch ein über zwei Ebenen reichendes großes Fenster im Hauptgeschoss inkongruent zur inneren, viergeschossigen Struktur entwickelt. Müller zeigte in allen Gebäudeteilen die hinter der Fassade liegenden Räume: Die Hallenbereiche wurden durch durchgehende vertikale Fensterschlitze repräsentiert, der Geschossbau an der Nalepastraße durch gleichmäßige Fensteröffnungen angezeigt. Das in der Mittelachse der Fassade zur Nalepastraße angelegte Treppenhaus, durch einen abgestuft eingezogenen Fensterschlitz auf gesamter Höhe belichtet und durch einen Rundbogen abgeschlossen, vermittelt zur vertikalen Befensterung der Hallenbereiche, die an der Gebäudekante wirkungsvoll um die Ecke geführt wurden.
Neben den Kraftwerksgebäuden wurden auf dem Areal ein weiträumiger Kohlelagerplatz, umfangreiche Förderanlagen und ein Gleisanschluss angelegt. Mit der Stilllegung des Kraftwerkes 1966 wurden diese Anlagenteile weitgehend beräumt. Die Schornsteine wurden niedergelegt und die von den technischen Einbauten beräumten Hallen als Lagerflächen genutzt.
1994 wurde das Kraftwerk Rummelsburg als Gesamtanlage unter Denkmalschutz gestellt. Wegen seiner Bedeutung für die Energiegeschichte als erstes Dampfturbinenwerk des zur Metropole anwachsenden Berlins sowie seinem baukünstlerischen Wert als wilhelminisches Hochspannungskraftwerk mit den Erweiterungen durch Hans Heinrich Müller wurde es als ein herausragendes Monument der Berliner Denkmallandschaft erkannt. Der fortgeschrittene Verfall der über fast vierzig Jahre nur minimal gesicherten Anlage führte 2001 zu einem mit dem Landesdenkmalamt abgestimmten Teilabriss: Das vom Einsturz bedrohte Kesselhaus wurde bis auf die von Hans Heinrich Müller angelegte Fassade abgebrochen. Das benachbarte Maschinenhaus und das Schalt- und Betriebsgebäude wurden in ihrem Bestand gesichert.
Das Kraftwerk Rummelsburg markiert noch heute als stadtbildprägender Großbau den Übergang der innerstädtischen Zone mit dem traditionsreichen Industrieband und dem Entwicklungsgebiet „Wasserstadt Rummelsburger Bucht" zur offenen, landschaftlich geprägten Zone der Wuhlheide.

The whole Rummelsburg power station complex was put under monument protection in 1994. It is an outstanding monument in Berlin's landscape of listed buildings due to its importance in the history of energy supply. It was the first ever steam turbine plant in Berlin, which was growing into a metropolis at the turn of the century and is of great architectural value as a Wilhelminian high voltage power station with extensions by Hans Heinrich Müller. The advanced state of decay in which the complex was found after forty years of minimal repair work led to a demolition order in coordination with Berlin Monument Protection Department for some of its parts: The boiler house which was threatening collapse was dismantled apart from the façade by Hans Heinrich Müller. Repairs were made to safeguard the neighbouring machine and operation buildings.
Rummelsburg power station, being an important landmark in the city, distinguishes the transition between the inner city with its traditional industrial strip and the "Water City Rummelsburger Bucht" development area and the open countryside character of the Wuhlheide area. The Wallgraben green belt to the north of Rummelsburg power station connects to the industrial belt along the Rummelsburg waterside, which is dominated by Klingenberg power station. The industrial complex and its elevenstorey, vertically structured tower, which are of high architectural quality, make a strong mark in the surrounding cityscape.
The industrial area comes to an end in "Water City Rummelsburger Bucht". In contrast to newer housing estates on untouched land, the Rummelsburger Bucht area is a mature historical area near the city centre, which has been characterised by the side-by-side location of residence and work since the end of the nineteenth century. The redevelopment strives towards quality living and working on the waterside, embedded in a natural landscape and surrounded by many listed buildings.
A further Bewag building, a closed transformer station, built in the year 1926, borders the complex to the east on Rummelsburger Landstrasse. The Karlshorst district is to be found even further to the east around Karlshorst S-Bahn (city train) station. Its idyllic Prinzenviertel district is a residential area mainly

Kraftwerk Rummelsburg, stadträumliche Lage
Rummelsburg Power Station, urban location

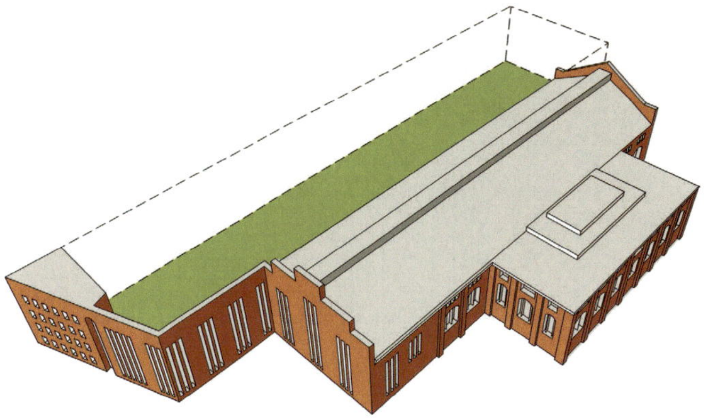

Kraftwerk Rummelsburg,
Gebäudebestand nach Abtragung des Kesselhauses
Rummelsburg Power Station,
buildings left after removal of boiler house

An den nördlich des Kraftwerkes gelegenen Grünzug des hohen Wallgrabens schließt sich der ausgedehnte Industriegürtel entlang des Rummelsburger Ufers an, der vom Kraftwerk Klingenberg dominiert wird. Die architektonisch qualitätsvoll gestaltete Industrieanlage setzt mit einem streng vertikal gegliederten, elfgeschossigen Verwaltungshochhaus einen starken städtebaulichen Akzent.
Seinen Abschluss findet das Industriegebiet im Entwicklungsgebiet „Wasserstadt Rummelsburger Bucht". Anders als Neubausiedlungen auf der grünen Wiese behandelt das Gebiet der Rummelsburger Bucht einen gewachsenen historischen Ort in innenstadtnaher Lage, der vor allem seit Ende des 19. Jahrhunderts durch das Nebeneinander von Wohnen und Arbeiten geprägt war. Ziel der Entwicklungsmaßnahme ist es, qualitätsvolles Wohnen und Arbeiten am Wasser, eingebettet in den natürlichen Landschaftsraum und den zahlreichen Denkmalbestand, anzubieten.
Im Osten schließt an die Rummelsburger Landstraße ein weiteres Bewag-Grundstück an, das mit einem stillgelegten Umspannwerk aus dem Jahr 1926 bebaut ist. Weiter östlich erstreckt sich um den S-Bahnhof Karlshorst der gleichnamige Ortsteil mit dem idyllischen Prinzenviertel, einem überwiegend mit villenartiger Bebauung aus dem beginnenden 20. Jahrhundert besetzten Wohngebiet.
Im Süden prägt das ehemalige Rundfunkgelände der DDR an der Nalepastraße mit seinem eindrucksvollen denkmalgeschützten Ziegelbauensemble aus den 1950er Jahren den Standort.
Im Westen bestimmen die Spree mit dem dahinter liegenden Plänterwald und dem angrenzenden Treptower Park, der zu den traditionsreichsten Ausflugszielen Berlins gehört, die Umgebung des Kraftwerksareals.
An der Grenze zur Innenstadt gelegen und eingebettet in ein heterogenes Stadtgebiet kommt der funktionalen Neubesetzung des Areals beim Zusammenspiel der verschiedenartig genutzten Stadtbereiche eine besondere Bedeutung zu.

consisting of small villas dating from the beginning of the twentieth century.
The main element to the south is the 1950's former GDR broadcasting centre's impressive listed brick complex (1951–56).
The most dominant features to the west of the power station complex are the River Spree and behind it, Plänterwald and Treptower Park which is one of Berlin's most traditional daytrip destinations.
Bordering the inner city and part of a heterogeneous urban district, the functional conversion of the area will be particularly significant in the interplay between the diverse elements already in the area.

1.

2. 3. 4.

Aus Bewag wird Vattenfall. Aufbruch vor historischer Kulisse

Bewag becomes Vattenfall. Departure before a Historical Backdrop

1. Allegorie Berliner Elektrizitätswerke, Ludwig Sütterlin, 1897
2. Logo Berliner Elektrizitätswerke, Peter Behrens, 1906
3. Logo Berliner Elektrizitätswerke, Peter Behrens, 1909
4. Logo Berliner Elektrizitätswerke, Peter Behrens, 1909
5. Logo Bewag, Fritz-Paul Bluhm, 1924
6. Logo Bewag, Paul Schneider, 1969
7. Logo Bewag, Hesse Design, 1995
8. Logo Vattenfall,Tommy Nyman und Johan Karlsson, ab 2006

Hans Achim Grube
Vattenfall Europe AG

Am 1. Januar 2006 werden die bisherigen Marken Bewag in Berlin und HEW in Hamburg in der europäischen Marke Vattenfall aufgehen. Die Umbenennung in Vattenfall ist ein bedeutender und für die Kunden vorteilhafter Schritt auf dem Weg zu einem führenden europäischen Energieunternehmen.
Ein großes Mitarbeiterfest in Berlin und Hamburg mit städteübergreifenden Programmteilen machte diesen Meilenstein der Unternehmensgeschichte auch für Mitarbeiter von Bewag und HEW erlebbar. In Berlin wurde dafür als Standort das Gelände des ehemaligen Kraftwerks Rummelsburg gewählt.
Auf dem 40.000 Quadratmeter großen Areal erwartete die Besucher eine ausgefeilte Event-Topografie. Die überdachte Bühne für künstlerische Darbietungen mit einer Videoleinwand für Live-Übertragungen bildete einen Höhepunkt der Veranstaltung. Der Vattenfall-Sportpark mit Beach-Volleyball, Speedminton, Bungee-Trampolin, Torwandschießen und Beach-Soccer lud zum Mitmachen ein. Die Beachbar mit Liegestühlen sorgte für entspannte Momente mitten im Trubel. Im Energie-Tivoli mit Autoscooter, nostalgischem Riesenrad, historischem Kettenkarussell, Riesenrutsche und Kletterwand amüsierten sich die jüngeren Festgäste, während unter den überdachten Schlemmerarkaden kulinarische Köstlichkeiten angeboten wurden. In der denkmalgeschützten Maschinenhalle waren ebenfalls eine Bühne mit Leinwand, Gastronomie und Sitzmöglichkeiten für etwa 1000 Gäste untergebracht.
Die Veranstaltung zeigte, dass das denkmalgeschützte Gebäude und das Gesamtareal hervorragend für Großveranstaltungen dieser Art geeignet ist. Insbesondere die beeindruckende ehemalige Maschinenhalle bietet eine hervorragende Kulisse für Events und Kulturveranstaltungen. Die notwendige Infrastruktur lässt sich ideal in den angrenzenden Gebäudeteilen und auf dem freien Areal unterbringen.
Die Feier an diesem historischen Ort der Energieversorgung – Berlin als Elektropolis – bildete den Startpunkt für ein neues erfolgreiches Kapitel in der Energiewirtschaft.

Vattenfall: ein Unternehmen – eine Marke.

On 1 January 2006 the companies previously known as Bewag in Berlin and HEW in Hamburg will take on the European trademark Vattenfall. The change of name to Vattenfall is a significant step towards becoming a leading competitive energy supply company and will be of benefit to customers.
A large staff party held in Hamburg and Berlin with parts of the programme aimed at both cities allowed employees of Bewag and HEW a part in this milestone in company history. The former Rummelsburg power station was chosen to host the staff party in Berlin.
Visitors were greeted by a specially designed event landscape on the 40,000m^2 site. The covered stage for artistic shows, which had a large screen for live transmission, was a highlight of the event. Vattenfall Sport Park with beach volleyball, speedminton, bungee trampoline, football wall game and beach soccer were very tempting to partygoers. The beach bar with its deck chairs provided for relaxing moments among all the activity. The younger visitors to the party enjoyed Energy Tivoli's bumper cars, nostalgic big wheel, historical chairoplanes, giant slide and climbing wall whilst culinary delights were to be had under the covered gourmand arcades. A stage with large screen, gastronomy facilities and seating for 1000 guests were accommodated in the listed machine hall.
The event demonstrated that the listed building complex and the surrounding site is the ideal location for such large-scale affairs. The awe-inspiring machine hall offers an outstanding backdrop to events and cultural occasions. The infrastructure needed may be accommodated in the neighbouring buildings and in the open space around them.
The party at this historical energy supply location – Electropolis Berlin – marked the starting point of a new successful chapter in the energy business.

Vattenfall: one company – one brand.

BEWAG

5.

BEWAG

6.

Bewag

7.

VATTENFALL

8.

Festsaal in der Maschinenhalle Festival room in the machine hall

Arkade Arcade

Tivoli Fun fair

Culinarium Culinary centre

Preisträger und Juroren Award winners and jurors

Preisträger

Award Winners

Für den studentischen Ideenwettbewerb zum Hans-Heinrich-Müller-Preis 2005 stellte die Bewag Aktiengesellschaft & Co. KG als Ausloberin 5000 € zur Verfügung. Von den 144 eingereichten Wettbewerbsarbeiten fanden fünf Beiträge die besondere Wertschätzung des Preisgerichtes. Durch die Vergabe von fünf gleichwertigen Preisen wurden Konzepte gekürt, die in ganz unterschiedlicher Herangehensweise Lösungsansätze zur Revitalisierung des Kraftwerkareals und seines denkmalgeschützten Gebäudebestandes vorschlagen. Die Entwürfe der Preisträger weisen in überzeugender Darstellung nach, dass der historische Industriestandort sowohl für kulturelle als auch gewerbliche und dienstleistungsorientierte Neubelegung geeignet ist. Allen Arbeiten gemein ist der hohe Anspruch der architektonischen Lösung und die Generierung von Neunutzungsvorschlägen, die eine Weiternutzung des Geländes in wirtschaftlich vertretbarem Rahmen ermöglichen können. Neben den Konzepten, die eine grundlegende Umwidmung des Areals zu einem Energietechnologiezentrum, einem Urnenfriedhof, einem Handelsstandort mit kultureller Prägung oder als Werft verfolgen, fand auch der Vorschlag für eine Zwischennutzung als Veranstaltungshalle die Anerkennung der Jury. Hinsichtlich des Umgangs mit der Denkmalsubstanz zeigen die preisgekrönten Arbeiten differenzierte Haltungen auf, die sowohl auf eine weitgehende Sicherung des Bestandes zielen als auch sensibles Weiterbauen in Anlehnung an die vorgefundenen Architekturformen thematisieren oder die innovative Neuinterpretation der architektonischen Struktur in beispielhafter Weise vorführen.

The Bewag posted the Hans-Heinrich-Müller-Award 2005 student ideas competition with € 5000 prize money. Of the 144 projects entered, five received particular acknowledgement from the jury. By awarding five equal prizes concepts with diverse approaches to finding a solution for the revitalisation of the power station area and its listed buildings were nominated. The prizewinners' designs convincingly demonstrate that the historical industrial location is suitable for cultural, trade and service oriented occupancy. All of the projects share a high architectural standard as well as economically viable suggestions for new use. Concepts which suggest the complete transformation of the area into an energy technology centre, an urn cemetery, a trade centre of cultural character or a shipyard received recognition from the jury as did a suggestion for temporary use as an events hall. The award winning projects deal diversely with the complex's monument status. They include the complete safeguarding of the listed buildings, sensitive extension measures which relate to the original architectural forms and the innovative reinterpretation of the architectural structure.

HANS HEINRICH MÜLLER
PREIS 2005
Bewag

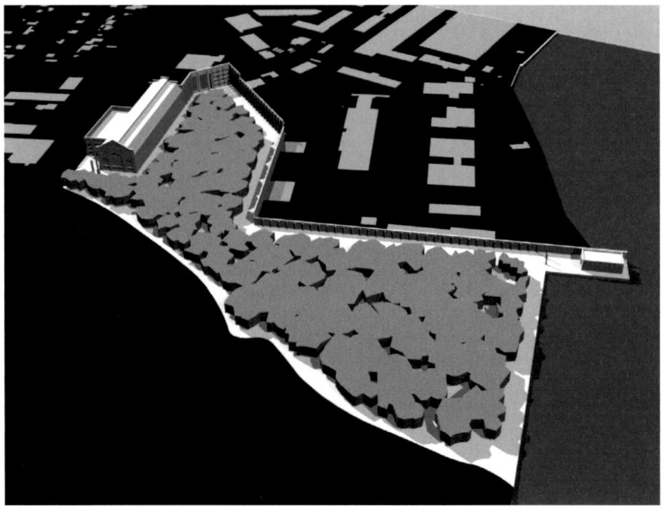

Lage Location

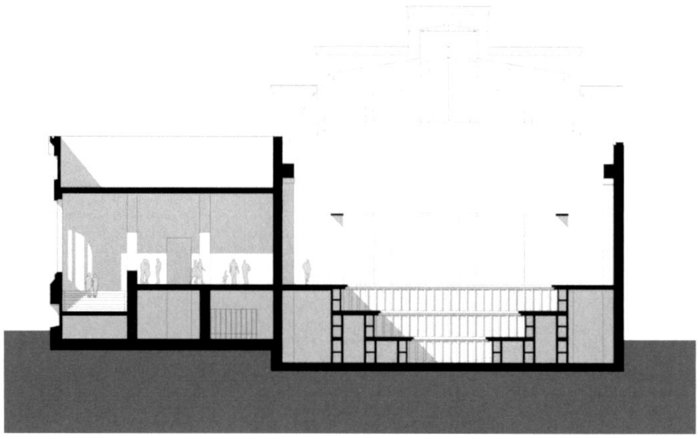

Querschnitt Cross section

Preis

Stattlich bestatten

Barbara Graf
Jens Lorbeer
Eidgenössische Technische Hochschule Lausanne
Technische Universität Berlin

Die Jury überzeugt die klare architektonische Haltung im Umgang mit der gestellten Aufgabe. Mit wenigen Elementen gelingt die Neufassung von Grundstück und Gebäude als Urnenfriedhof. In einem von Kolonnaden umstandenen abgesenkten Bereich der ehemaligen Maschinenhalle finden die Urnen Aufstellung. Das ehemalige Betriebsgebäude nimmt den großzügig geschnittenen Hauptzugang, einen Andachtsraum und alle erforderlichen Nebenräume auf. Die Fassade des Werkstattgebäudes wird freigestellt und als eine die südwestliche Grundstücksgrenze umfahrende Mauer fortgeführt. Das Grundstück wird von weiterer Bebauung freigehalten und mit einem dichten Wald bepflanzt. Zwischen Mauer und Waldkante verläuft ein Andachtsweg zu einem Aussegnungstempel an der Spree.
Die Qualität des großen Hallenraums und die besondere Lichtstimmung der Halle werden in den Vordergrund der Ausarbeitung gestellt. Die neuen Räume im Betriebsgebäude sind gut proportioniert und souverän in den Gebäudekörper eingepasst.

The jury found this clear architectural method of dealing with the task in question extremely convincing. Using very few elements, the project succeeds in converting the site and buildings into an urn cemetery. The urns are installed into a colonnaded lowered area of the machine hall. The former operation building accommodates the generously sized main entrance, the vestry and all of the necessary adjoining rooms. The façade of the workshop building is exposed and continues as a border wall on the south west of the site. The site has otherwise been left free of buildings and has been planted with a dense forest. A path of contemplation leads between the wall and the edge of the forest to a chapel on the River Spree.
The authors of the project have recognised the quality of the large hall and its particular lighting atmosphere and have made it the essence of their composition. The new spaces in the operation building are well proportioned and have been competently fitted into the old building.

Eingangsbereich Entrance area

Aussegnungstempel Chapel

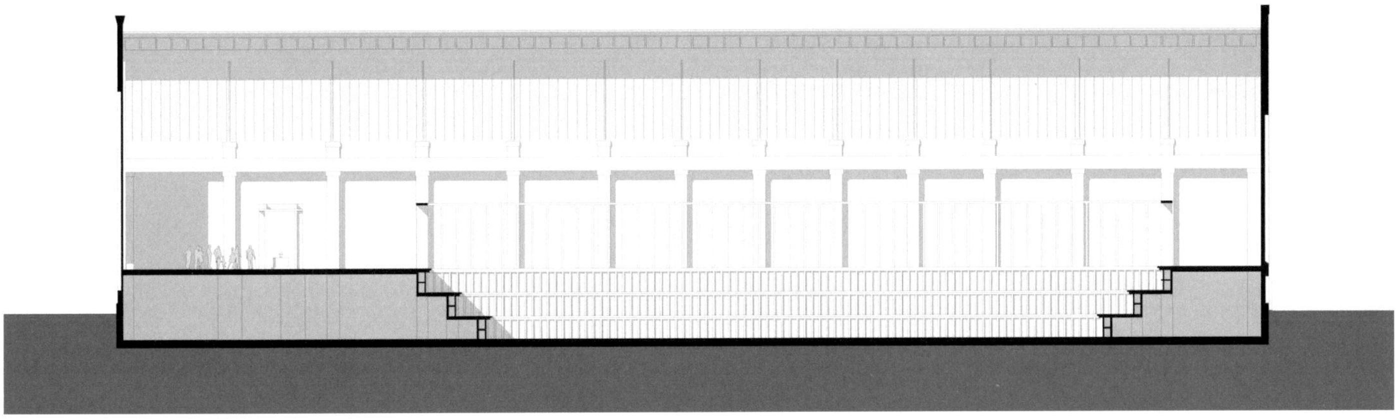

Längsschnitt Longitudinal section

Kolonnaden und abgesenkter Urnenfriedhof Colonnaded lowered urn cemetery

Ansicht von Norden North elevation

Preis

Yachtwerk

Leon Lenk
Stefan Schmidt
Fachhochschule Potsdam
Prof. Ludger Brands

Die perspektivische Neuordnung des Grundstückes zielt auf eine maritime Nutzung und sieht ein städtisches Quartier mit einem Yachthafen vor, der malerisch von Wohn- und Geschäftsgebäuden umstellt ist und mediterranes Flair vermittelt. Die Kraftwerksgebäude werden zu einer Werft für Motoryachten umgewidmet, deren Produkte in der weiträumigen Maschinenhalle für den Verkauf präsentiert werden. Der denkmalgeschützte Bestand wird um eine große Produktionshalle ergänzt, die sich an der Kubatur des ehemaligen Kesselhauses orientiert und Materialität und Proportionen des Altbaus aufnimmt. Der Beitrag wird von der Jury als strukturell richtige, chancenreiche Lösung geschätzt, die ein lebendiges Berliner Quartier mit variantenreicher ortsbezogener Nutzungsbelegung anbietet. Sie besticht durch gelungene städtebauliche Räume. Der Umgang mit dem Denkmal wird als angemessen eingeschätzt, besonders die thematische Verbindung von Halle und Neubau, die funktionale Verkettung zum Werkstattgebäude und die gut organisierte Hinterfüllung der Kesselhausfassade finden Lob.

The perspective rearrangement of the site is based on a maritime use, which envisages an urban quarter with a marina, picturesquely framed by residential and trading buildings to create a Mediterranean flair. The power station buildings will be converted into a motor yacht yard whose products will be presented for sale in the spacious machine hall. A large production hall will be added to the existing listed buildings. It will paraphrase the shape of the former boiler house and have the same proportions and materials. The jury appreciates the project's structural soundness and potential, which both creates a lively mixed-use urban quarter and fits well into the surrounding area. Its urban spaces are particularly impressive. The handling of the monument is considered appropriate. The topical connection of hall and new building, the functional link to the workshop building and the well-organised backfill to the boiler house façade received particular praise.

Yachthafen Marina

Lageplan Site plan

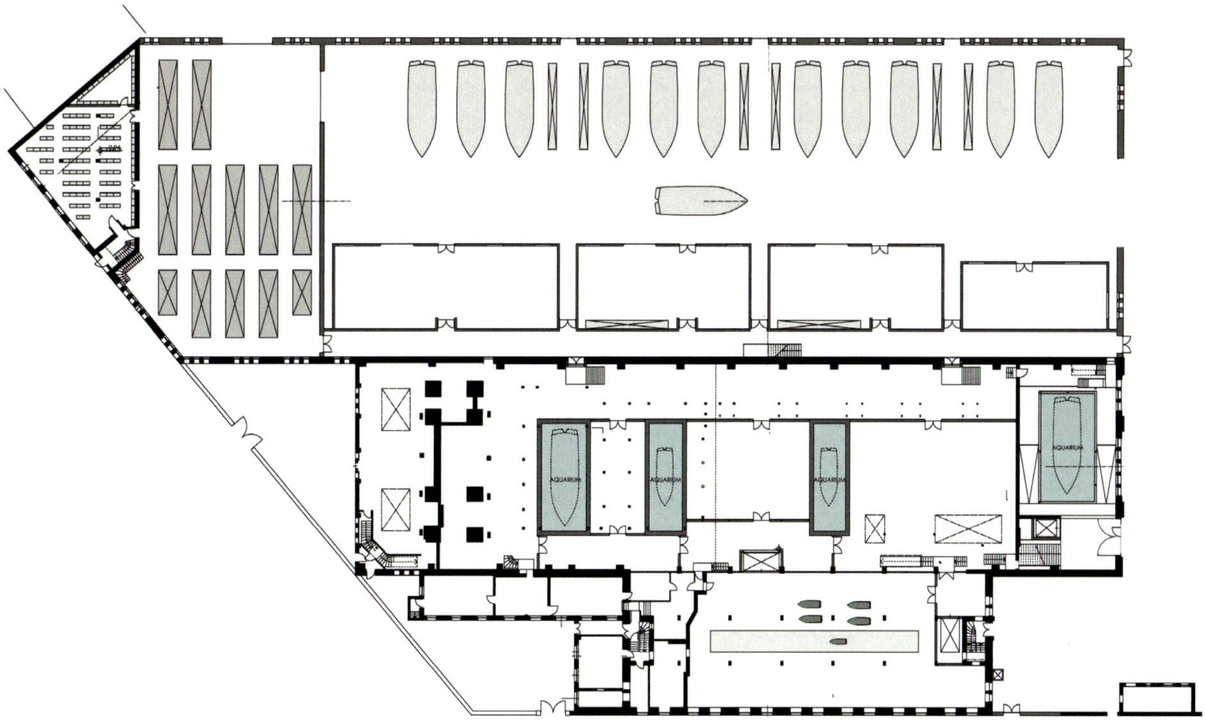

Grundriss, Ebene 1 Ground plan, level 1

Maschinenhalle Machine hall

Fassade Norden North façade

Preis

ETZ – Energietechnologiezentrum

30

Marc Oldenburg
Heico Schoog
Fachhochschule Potsdam
Prof. Ludger Brands

Die Verfasser schlagen mit dem Energietechnologiezentrum eine Entwicklung des Areals in Fortführung der historischen Nutzung des Standorts vor. Das Kraftwerk wird als Ausstellungs- und Messebau in ein energietechnologisches Wissenschaftszentrum einbezogen. An der Spree entsteht ein städtisch formliertes Quartier mit einer Mischnutzung aus Gewerbe- und Wohnbauten.
Die Jury erkennt in der Arbeit ein wirtschaftlich interessantes Konzept. Die Idee ist tragfähig und die Nutzungsmischung kann der Belebung und Stabilisierung des Quartiers dienen. Die Neubauten sind gut gesetzt und bilden beziehungsreiche Räume. Materialität und Fassadensprache sind dem Ort angemessen und setzen ihn in Beziehung zu den nahegelegenen Wohnquartieren der Wasserstadt Rummelsburg. Das Denkmal ist als Messehalle ein bedeutender Baustein des Wissenschaftszentrums.

The authors of this energy technology centre project suggest a continuation in development of the location's historical use. The power station is incorporated into an energy technology science centre as an exhibition and trade fair building. An urban-type mixed use quarter of trade and residential buildings has been developed along the River Spree.
The jury recognises in this project an economically viable concept. The idea is sustainable and the mixture of uses will result in the livening up and stabilising of the quarter. The well placed new buildings form communicative spaces. Materials and façades are appropriate to the surroundings and link them to the nearby residential areas in Rummelsburg Water City. In its function as a trade fair hall, the listed building is an important component of the science centre.

Lageplan Site plan

Maschinenhalle Machine hall

Neubauten an der Spree New buildings on the River Spree

Querschnitt Cross section

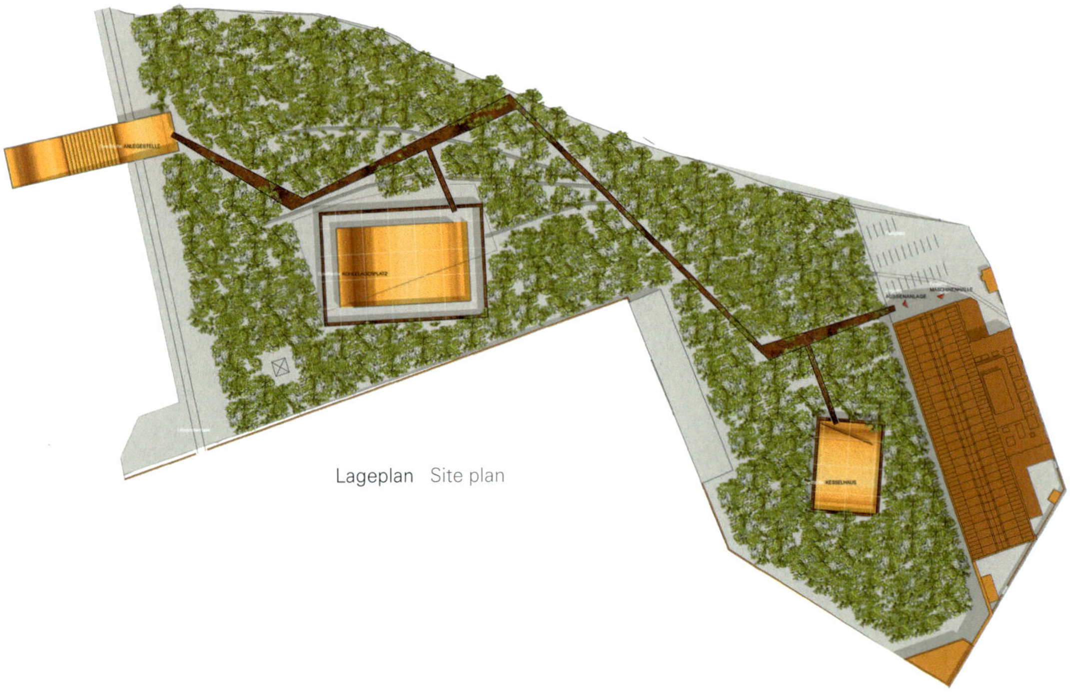

Lageplan Site plan

Preis

Kunst – Spiel – Räume

32 **Aleksandra Dlugaiczyk**
Andreas Ebner

Fachhochschule Würzburg-Schweinfurt
Prof. Dr. Janofske, Prof. Schirmer, Prof. Voitländer

Der Vorschlag *Kunst-Spiel-Räume* führt den Nachweis, dass die denkmalgeschützte Kraftwerksanlage mit wenigen Eingriffen und minimalen finanziellen Aufwendungen einer neuen Nutzung als Veranstaltungshalle zugeführt werden kann. Durch ein Installationsraster im Hallendach und textile Materialien kann der große Saal mit einfachen Mitteln verschiedenartig gestaltet und unterschiedlichen Raumbedürfnissen angepasst werden. Im Betriebsgebäude sind gastronomische Angebote und Künstlerumkleiden weitgehend in die vorgefundenen Ausbaustrukturen integriert. Das unbebaute Kraftwerksgelände wird einer kontrollierten Verwaldung überlassen.
Die Arbeit wird von den Juroren als Vorschlag für eine Zwischennutzung begriffen und als solche anerkannt, weil Eingriffe in den Denkmalbestand gering bleiben. Die überschaubaren Investitionskosten für diese Art der Revitalisierung erscheinen für einen Betreiber akzeptabel, der mit einer zeitlich begrenzten Nutzung des Areals rechnet.

The proposal *Art-Play-Spaces* shows that listed power station complexes may be converted into events halls with little intervention and a minimum of financing. An installation grid in the hall roof and textile materials allow the large hall to be diversely arranged and adapted to all sorts of different spatial needs. Gastronomy and artist's changing rooms are to a large extent integrated into the existing structure. The untouched open spaces on the rest of the site will be left to become controlled woodland.
The project was perceived by the jurors as a proposal for a temporary use and was acclaimed as such, as changes to the listed structure remained minimal. The manageable investment costs for this type of revitalisation appear acceptable for short-term operators of the area.

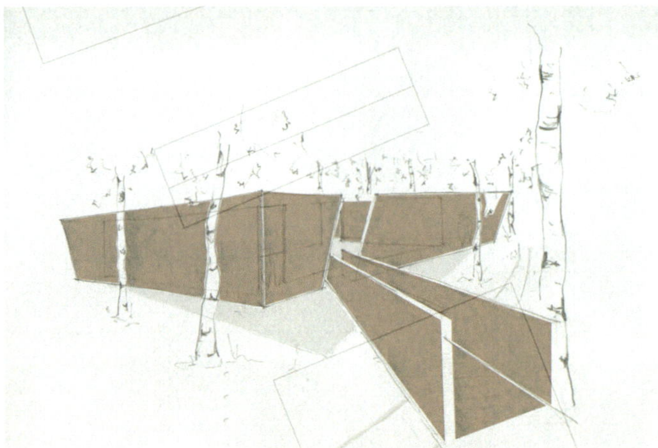

Spielfeld im Freien Outdoor playing field

Installationsraster in der Halle Installation grid in the hall

Fassade Nalepastraße Nalepastrasse façade

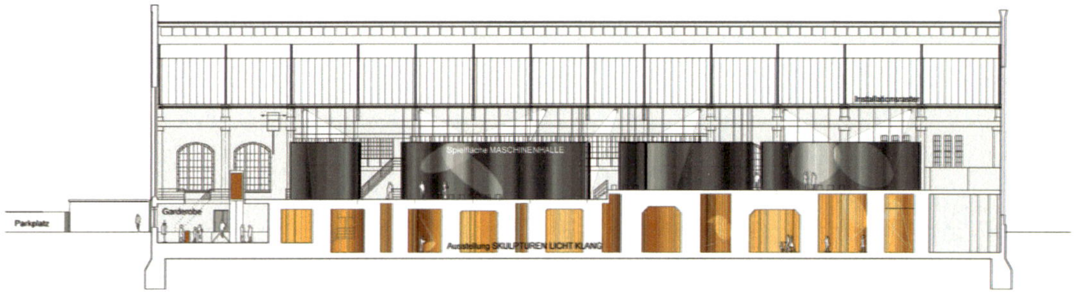

Längsschnitt Longitudinal section

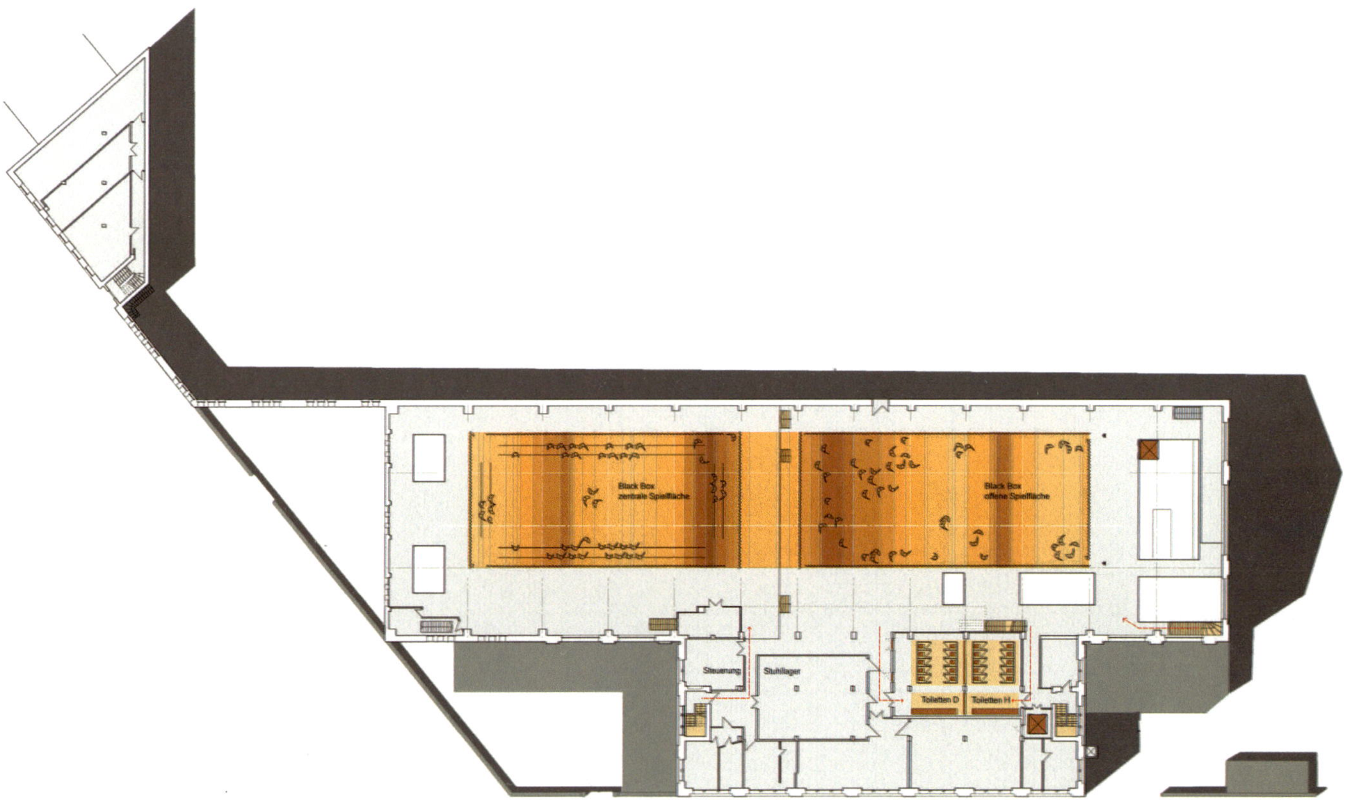

Grundriss, Ebene 1 Ground plan, level 1

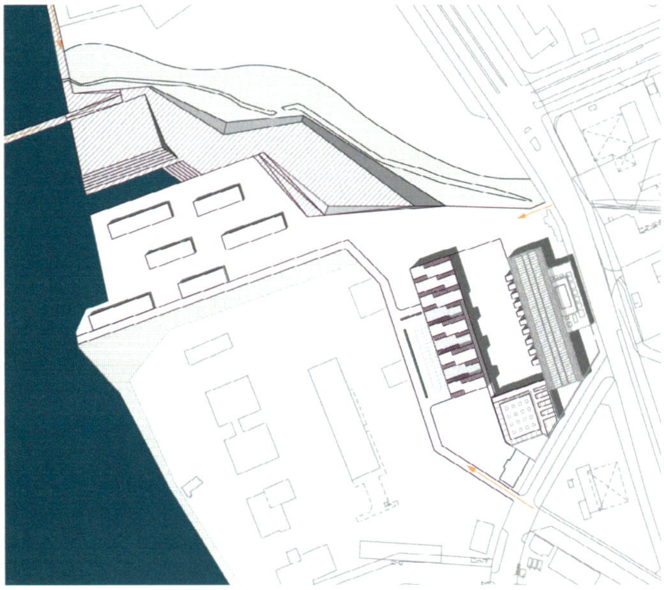

Lageplan Site plan

Preis

Alles im Fluss

34

Mariya Yankulova
Universität Stuttgart
Prof. Peter Cheret

Das Kraftwerk wird als Antikbaumarkt mit angegliedertem Auktionshaus, Restauratorenwerkstätten und einer Weinhandlung als Geschäftszentrum genutzt. Die Grundfläche des ehemaligen Kesselhauses ist bis auf einen Bibliotheksneubau im Norden freigehalten. Durch den an die Freifläche angrenzenden Neubau der Kunstakademie wird das Volumen des verlorenen Kesselhauses vermittelt. An der Spree entstehen viergeschossige Wohnbauten sowie eine Sportanlage unter einem Geländerelief.
Die Jury lobt die Idee einer ausgewogenen Handelsnutzung des Kraftwerks und die gelungene Ausnutzung des Grundstücks durch drei Nutzungseinheiten. Das Kraftwerk und der Neubau sind spannungsreich zusammengebunden, der Leerraum anstelle des Kesselhauses hat Kraft und vermittelt überzeugend das Volumen seines Vorgängerbaus. Das Werkstattgebäude ist geschickt an den Bibliotheksneubau angeschlossen, die freistehende Kesselhausfassade qualitätvoll eingebunden.

The power station will be turned into a business centre with a building centre for antiques with affiliated auctioneers, restoration workshops and a wine trader. Apart from a new library building to the north, the floor space of the former boiler house has been left empty. The volume of the irrecoverable boiler house is implied by the new building of the academy of arts which borders it. Four-storey residential buildings have been placed along the banks of the River Spree as well as a sports complex below a carved out riverfront.
The jury praises this well-balanced idea for the conversion of the power station for trading purposes and the effective optimisation of the site resulting in its division into three main units. The power station and new building are impressively combined. The void in place of the boiler house convincingly and forcefully communicates the volume of its predecessor. The workshop building is cleverly attached to the new library building and the freestanding boiler house façade is extremely well integrated.

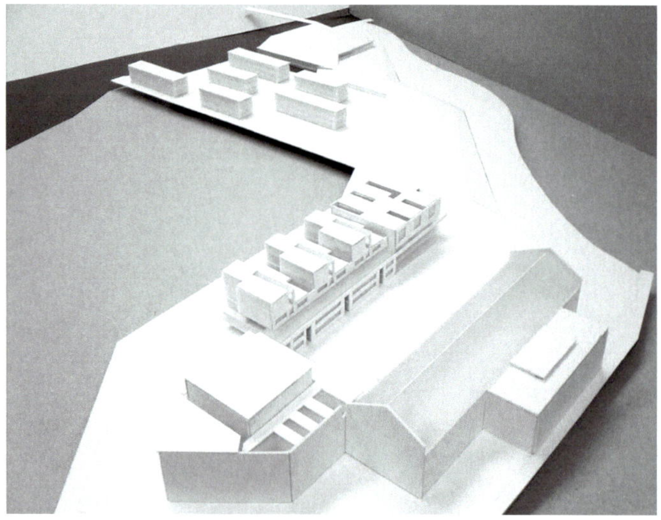

Modell des Wettbewerbsareals Model of the competition area

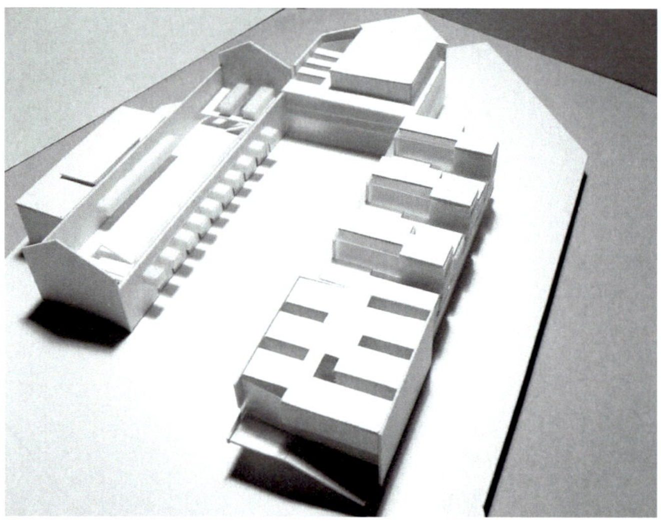

Westfassade des Maschinenhauses West façade of the machine house

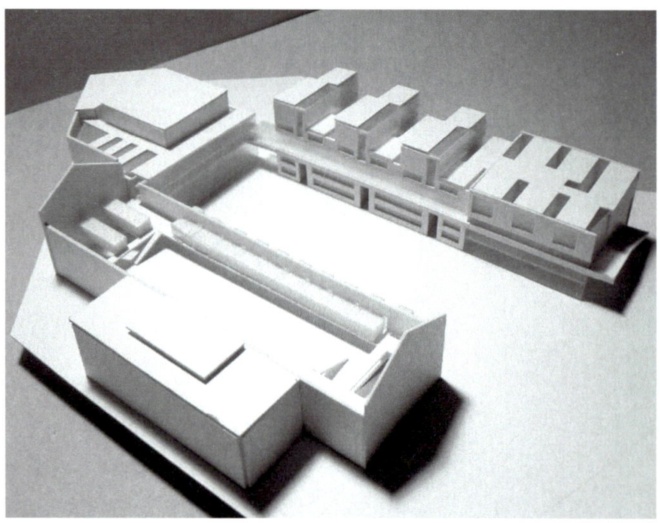

Fassade der Kunstakademie Art academy's façade

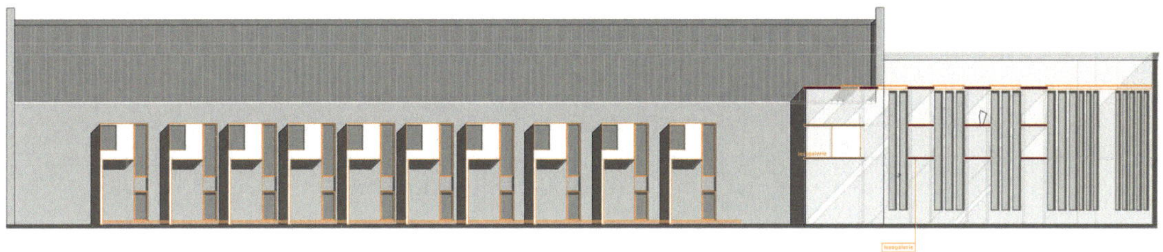

Westfassade West façade

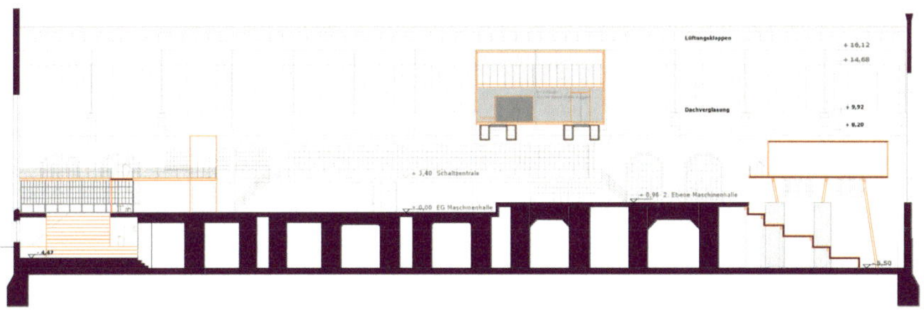

Längsschnitt Longitudinal section

35

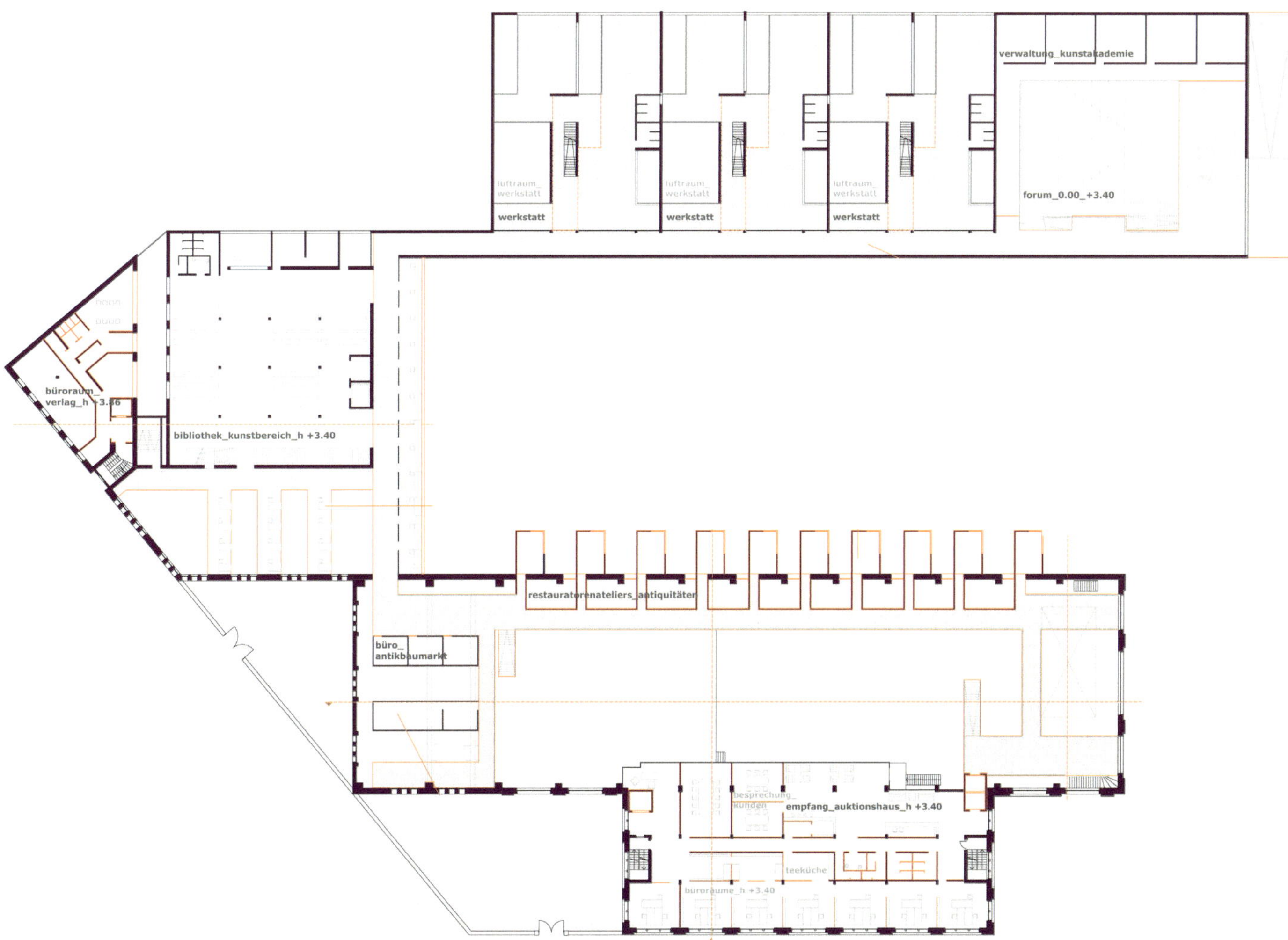

Grundriss Ebene 1 Ground plan, level 1

Kultureinrichtungen

Cultural Centres

Zur Revitalisierung des Kraftwerkes wird ein breites Spektrum an Nutzungen zur Stärkung des kulturellen Angebotes im Südosten Berlins vorgeschlagen: Kulturzentren, Museen, Bibliotheken und ein Stadtteilzentrum.
Ausgehend von der Raumdisposition der denkmalgeschützten Gebäude werden dabei Veranstaltungs- oder Ausstellungshallen, Lesesäle und Atelierwerkstätten im Maschinenhaus angelegt, die von der Lichtstimmung im großen glasgedeckten Raum profitieren und durch den industriellen Charme der Gebäude besondere Atmosphäre gewinnen. Kleinteiligere Nutzungseinheiten können gut in das Betriebsgebäude integriert werden. Für museale Nutzungen und Bibliotheken bietet sich auf der Tiefebene des Maschinenhauses genügend Raum zur Archivierung und Lagerung von Medien und Ausstellungsgut.
In einigen Entwürfen wird die Realisierbarkeit von Hochschulen und Ausbildungszentren geprüft, die vorrangig künstlerische Studiengänge wie Tanz, Theater, Film, bildende Kunst und Musik oder technologieorientierte Fächer ausbilden – Fachrichtungen, bei denen das klassische Hochschulraumprogramm mit Seminarräumen und Vorlesungssälen gut um großflächige Präsentations- und Veranstaltungsflächen für Synergien zwischen Hochschule und Öffentlichkeit zu ergänzen ist.
Zwei Entwürfe wenden sich der Bestattungskultur im metropolitanen Raum zu und entwickeln aus der Sakralität der Hallenarchitektur neuartige Urnenbegräbnisplätze.

A wide variety of suggestions have been made for the revitalisation of the power station, which would widen the range of cultural amenities in South-East Berlin: cultural centres, museums, libraries and a district centre.
Based on the spaces available in this listed building, event and exhibition halls, reading rooms and artist's studios have been planned for the machine hall. The ambience in the large glass-covered space and the building's industrial charm give them their own very special atmosphere. The operation building is perfect for the integration of smaller units. There is enough space on the basement level for the archives and media and exhibition storage required in museums and libraries.
Some designs explore the idea of converting the complex into colleges and training centres. They are mainly for artistic courses of study such as dance, theatre, film, fine art and music or technological courses of study – fields in which the classical spaces such as seminar rooms and lecture theatres are required but which also need larger presentation and event spaces, vital for good communication between the colleges and the public.
Two of the designs approach the subject of burial in metropolitan space and transform the sacral hall architecture into novel urn burial grounds.

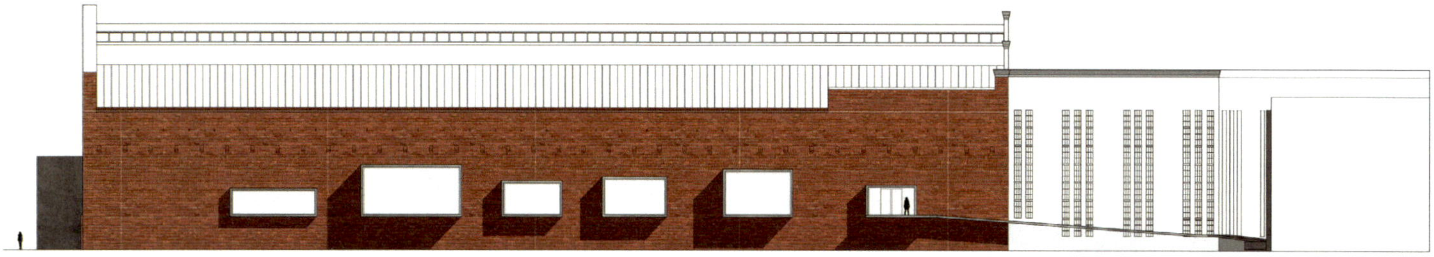

Fassade Westen West façade

KOMA – Kraftwerk of Modern Art

Christian Stastny
Fachhochschule Bielefeld
Prof. Bernd Niebuhr

Das *Kraftwerk of Modern Art (KOMA)* schafft einen Ort, an dem Kunst präsentiert, archiviert und kreiert wird. Die historische Anlage wird zum Museum umgebaut, das neben Ausstellungs- und Verwaltungsflächen, Museumsshop, Restaurant und Bar auch eine Workshopebene und ein Auditorium aufnimmt. Markant sind die großformatigen Ausstellungskuben aus weißem Beton und Glas in der Maschinenhalle. Die Massivität der Westwand des Maschinenhauses wird durch ausgeschobene Kuben aufgebrochen. Der Freiraum westlich der Museumshalle wird als Skulpturengarten genutzt. Im ehemaligen Werkstattgebäude ist eine Bibliothek untergebracht.
Der Außenraum wird durch Flächenerweiterung auf den Nachbargrundstücken als rasterartiges Baufeld angelegt und mit mehrgeschossigen Institutsgebäuden für die Universität der Künste, Studentenwohnungen, Künstlerateliers, Galeriegebäuden und einem Kunstarchiv, welches Fachpublikum und Studenten zu Forschungszwecken offen steht, beplant.

The *Kraftwerk of Modern Art (KOMA)* provides a location for the presentation, archiving and creation of art. The historical complex will be converted into a museum, which alongside exhibition and administration areas, a museum shop, restaurant and bar, will include a workshop level and an auditorium. The large format exhibition cubes of white concrete and glass in the machine hall will be a striking feature. Extruding cubes will break up the massive west wall of the machine building. The open space west of the museum hall will become a sculpture garden. The former workshop building will accommodate a library.
The site's open area will be extended onto the neighbouring plots of land and laid into a grid planned with multi-storey institute buildings for the University of the Arts, student residences, artists' studios, gallery buildings and an art archive with access for art experts and students for research purposes.

Galerie und Einbauten Gallery and fittings

Ebene 0 Level 0

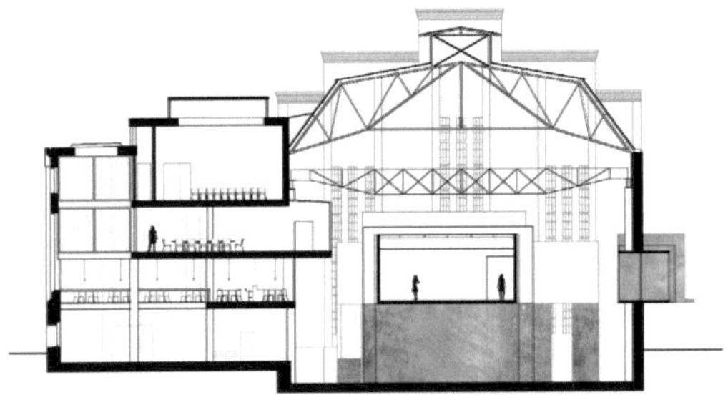

Querschnitt Cross section

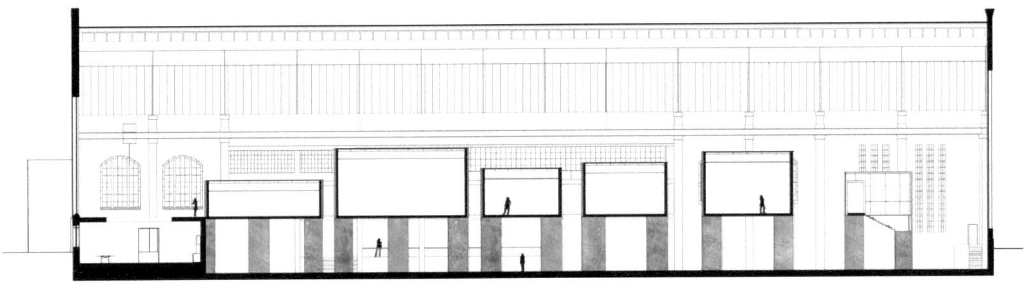

Längsschnitt Longitudinal section

Ansicht von der Freifläche Elevation of open space

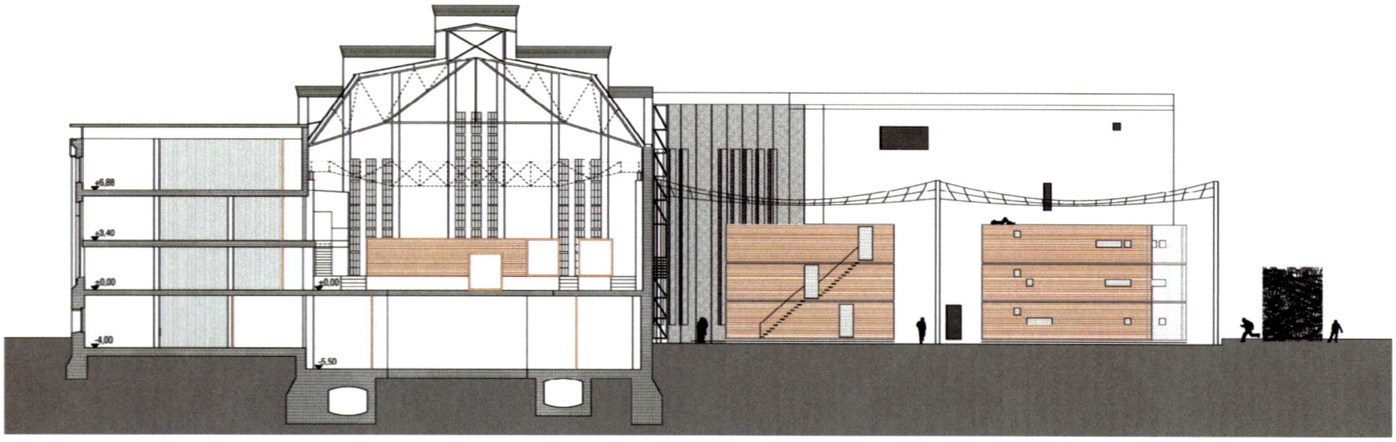

Querschnitt Cross section

40′

40

Thies Brunken
Benedikt Jäger
Bauhaus-Universität Weimar

Das Kultur- und Ausbildungszentrum *40´* stellt eine Revitalisierung des Kraftwerksareals mit einer Nutzungsmischung dar, die mit kleinschrittigen Investitionen sukzessive gestaltet werden kann. Kerngedanke ist die Ertüchtigung der Bestandsgebäude und die Freilegung von Spuren der Kraftwerksnutzung, beispielsweise durch die Wiedergewinnung der Lichtöffnungen im Boden der als Atelier genutzten Halle. Alle geplanten Zubauten sind als nachträgliche Maßnahmen erkennbar und fördern den technischen Charakter der Räume. Im Außenbereich verweist eine Netzkonstruktion auf das abgetragene Kesselhaus. Sie überspannt gruppiert gestapelte Seecontainer, die als Arbeits- oder Wohnräume ausgebaut sind.
Der Außenraum wird parkartig gestaltet und mit einer Bühne für Theater- und Konzertveranstaltungen belegt. Ein Café und eine Schiffsanlegestelle besetzen das Spreeufer und nutzen die Anbindung des Grundstückes an den Fluss.

The culture and training centre *40´* proposes a mixed-use revitalisation of the power station area in small steps of investment. The main idea is to improve the efficiency of the existing buildings and to free them of the traces of their use as a power station by, for example, reopening light shafts in the floor of the hall, which will be used as a studio. All planned extensions are to be recognisable as later additions and underline the technological character of the spaces. A mesh construction in the outdoor space will trace the plan of the dismantled boiler house. It will span groups of stacked containers, equipped for use as work or living spaces.
The open space will be designed in a park like manner and equipped with a stage for theatre and concert events. A café and pier will occupy the banks of the River Spree and thus make the most of the site's proximity to the river.

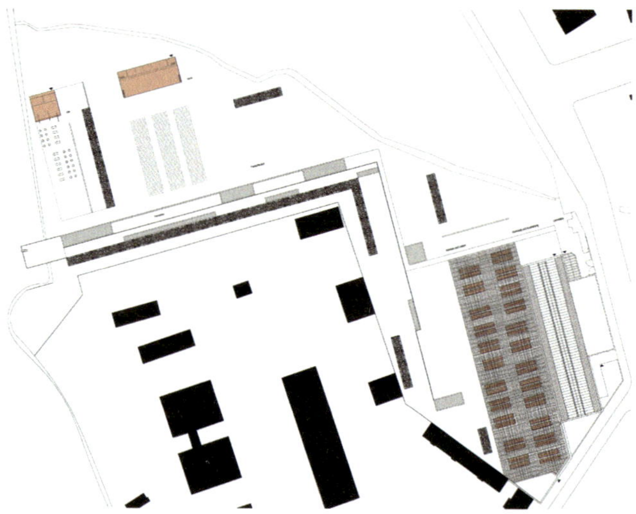

Lageplan Site plan

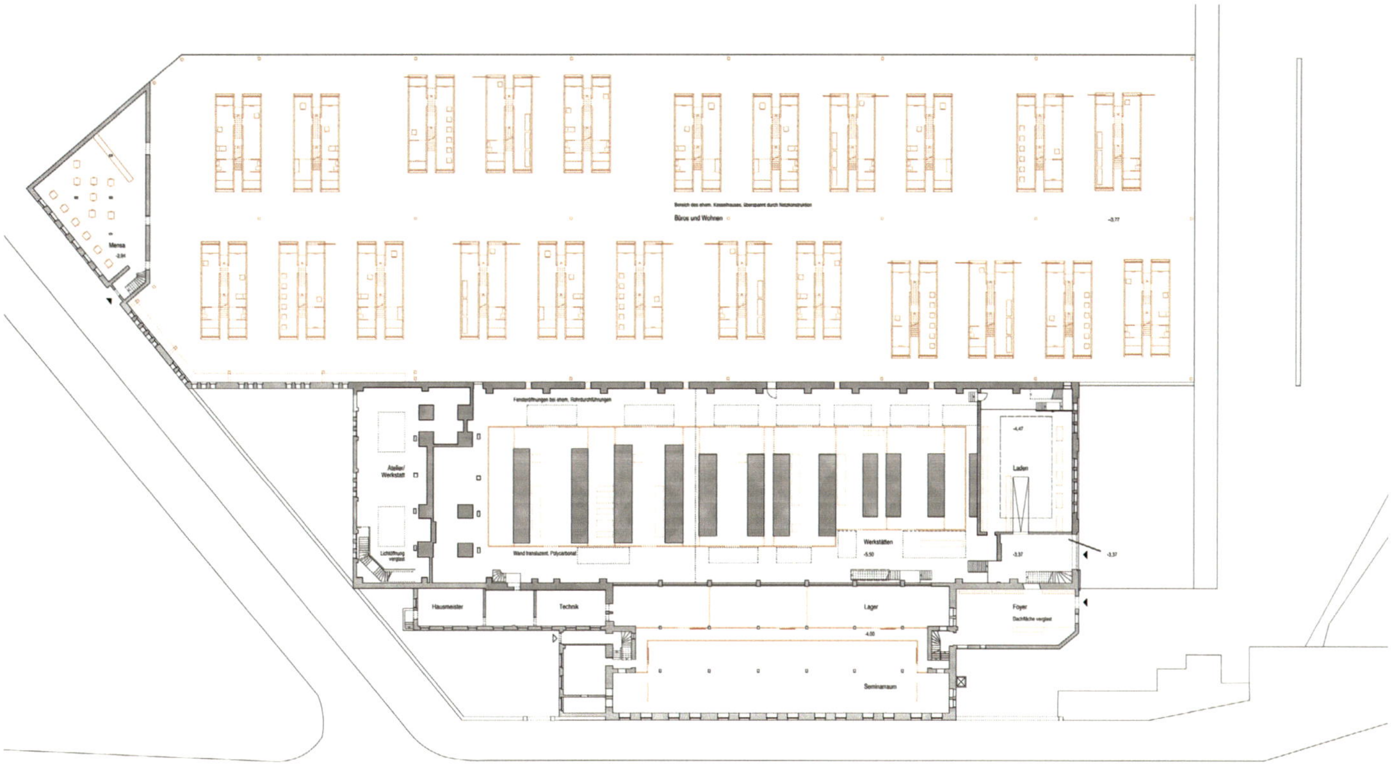

Grundriss Ebene 0 Ground plan, level 0

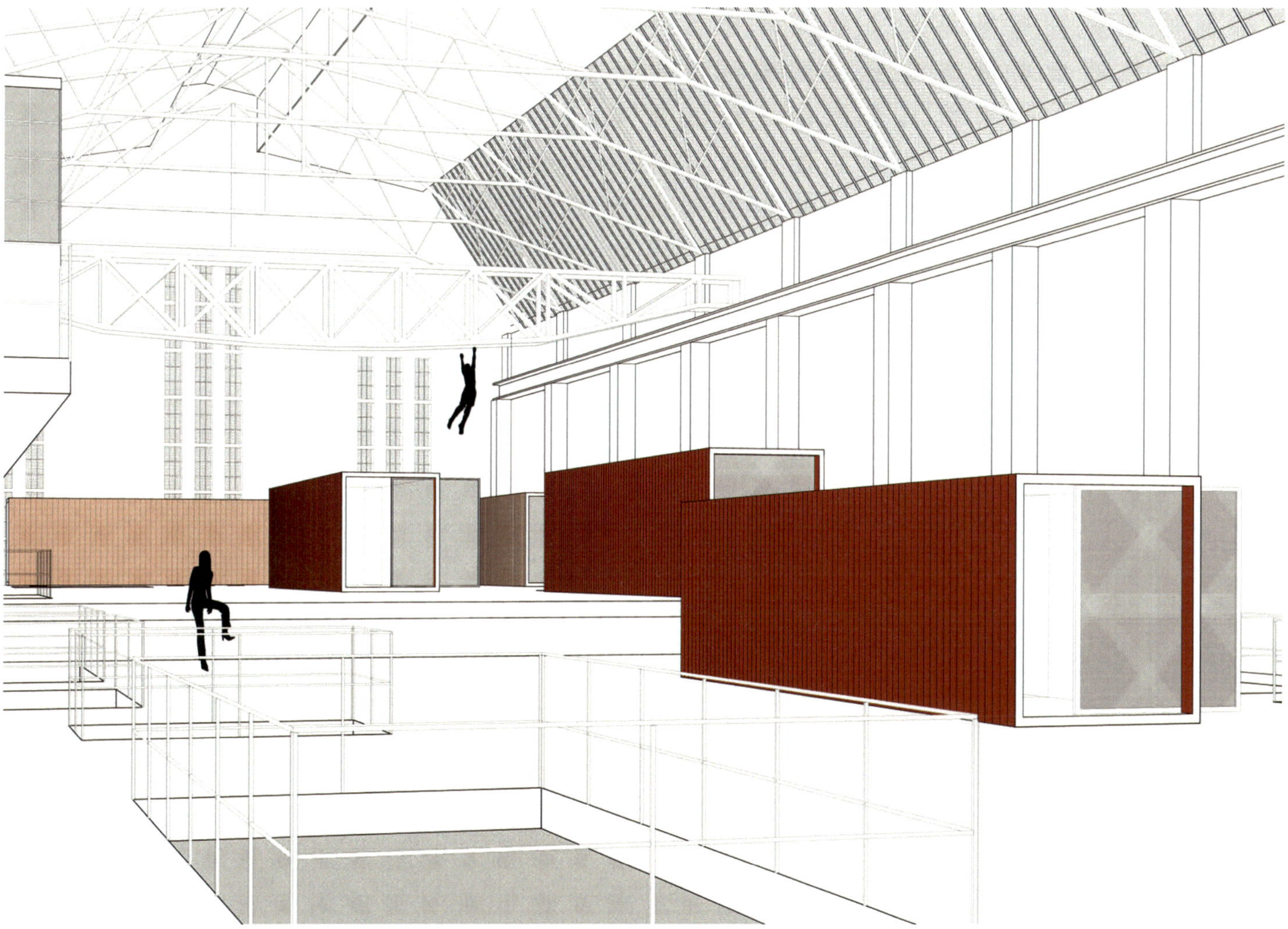

Container in der Maschinenhalle Container in the machine hall

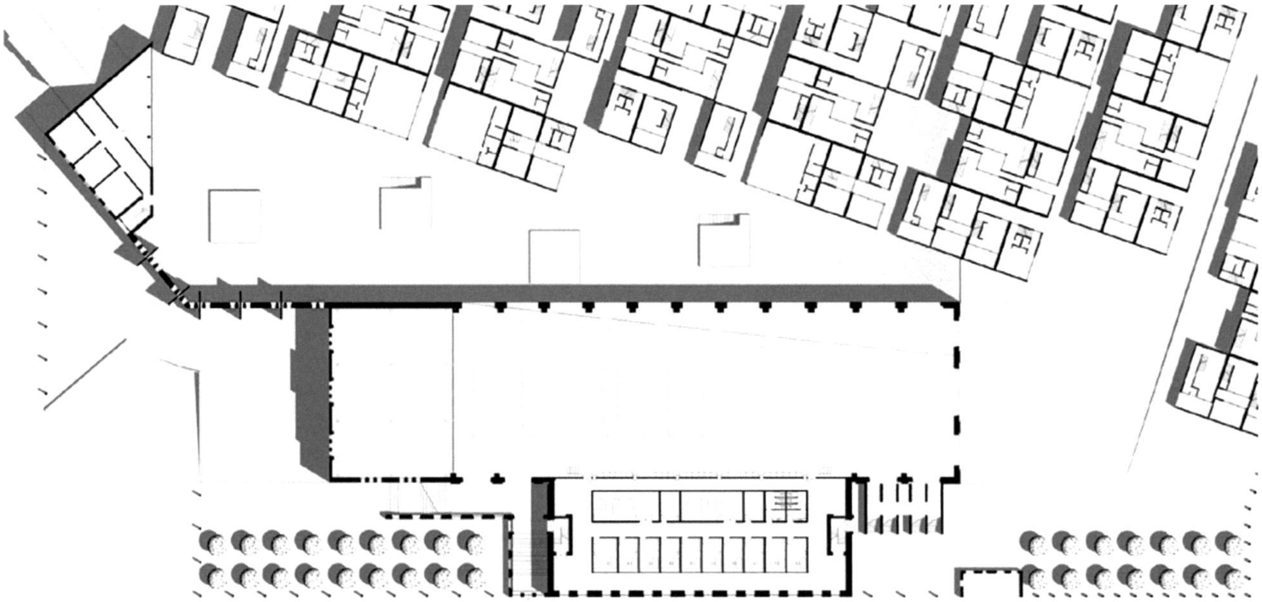

Grundriss, Ebene 1 Ground plan, level 1

Modulierte Masse

42

Daniel Keller
Alexander Straub
Universität Karlsruhe
Prof. Arno Lederer

Auf der Brache des Kraftwerks entsteht mit einer Teppichsiedlung ein Modul mit starker Identität, dass das Potential des gesamten Quartiers aufzeigt. Auf dem Grundstück wird zwischen den linearen Elementen Spree und Straße eine verdichtete Struktur aufgespannt, deren Pole – Wasserplatz und Kraftwerksbauten – mit öffentlichen Räumen besetzt sind. Die einzelnen Elemente der Struktur setzen sich aus einem modularen Fertigteilsystem zusammen und lassen verschiedenartige Nutzungen zu.
Das Maschinenhaus wird als Ausstellungshalle genutzt und mit ausfahrbaren Turbinentischen und Großrampen ausgestattet. An Stelle des ehemaligen Kesselhauses vermittelt eine Freifläche zwischen den Bestandsgebäuden und der Neubebauung. Darunter befindet sich eine Tiefgarage, deren Lichthauben und Aufgänge den Freiraum strukturieren.

The construction of a carpet settlement on the derelict power station site will result in a module with a strong identity which will highlight the potential of the whole area. A compact structure will stretch between the site's two linear elements, the River Spree and the street. Its poles, the water plaza and the power station buildings will include public spaces. The individual elements of the structure will be composed of modular pre-fabricated units, which can accommodate various uses. The machine building will be used as an exhibition hall and will be equipped with wheel-out turbine tables and large ramps. An open space on the site of the former boiler house will mediate between the original and the new buildings. There will be an underground car park below, whose light and access shafts will structure the open space above.

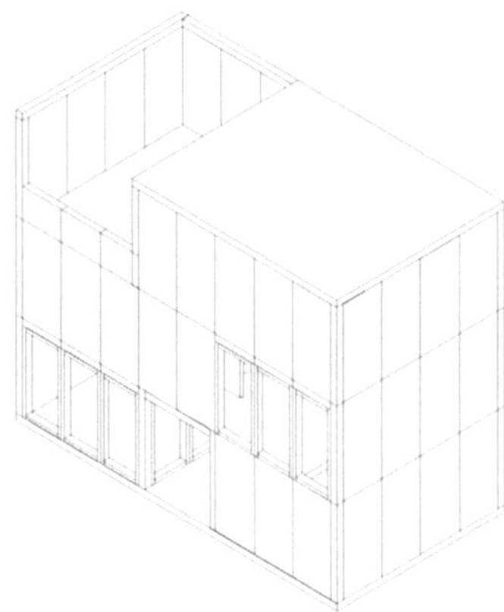

Siedlungsbaustein Settlement building block

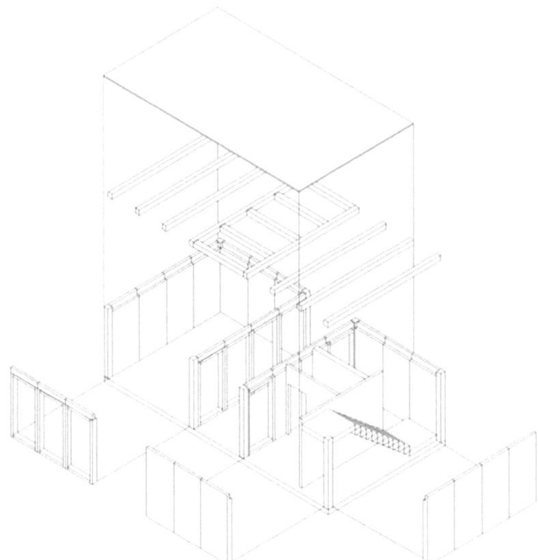

Konstruktionsweise Method of construction

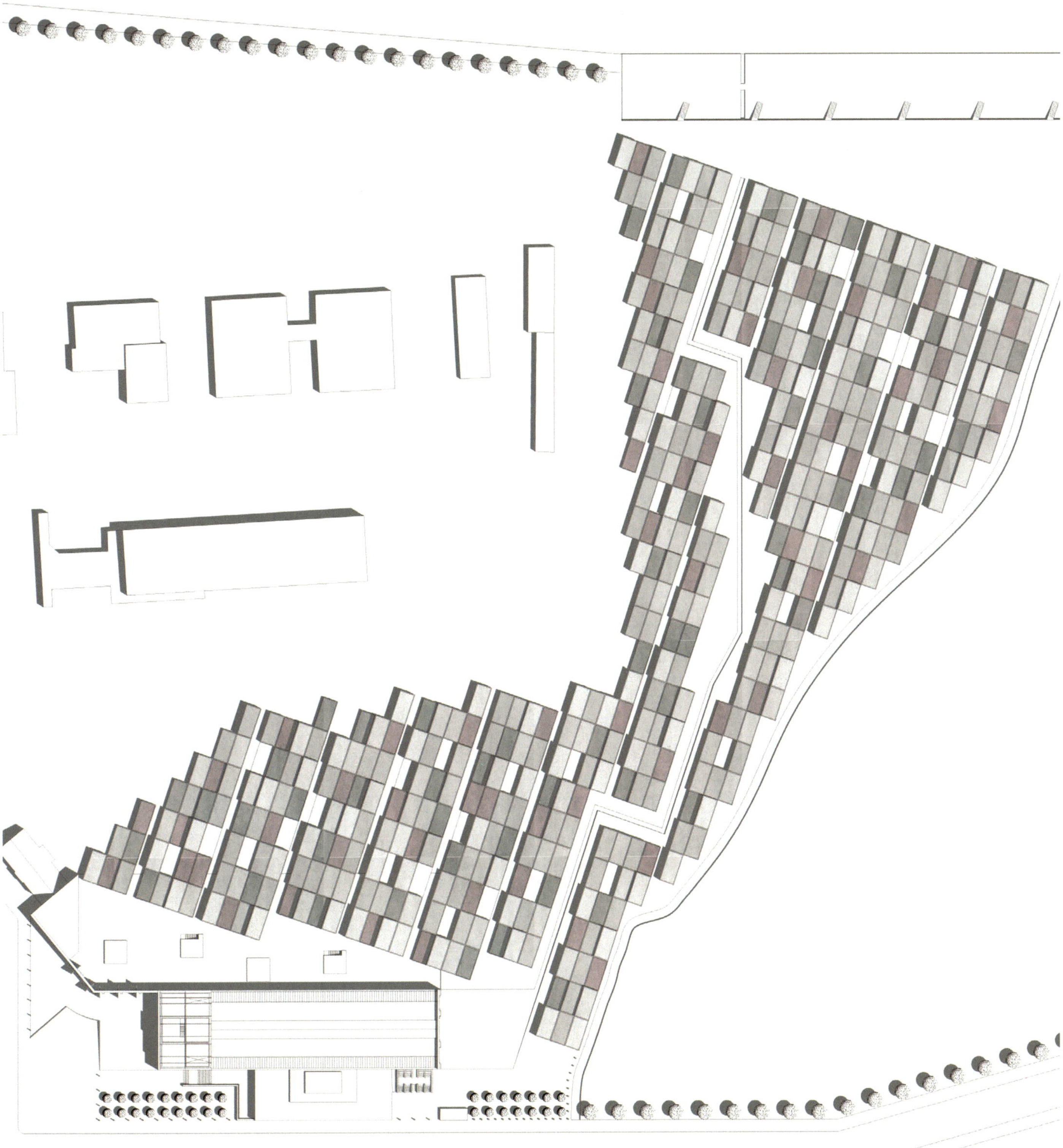

Lageplan Site plan

Modellaufnahmen Model photos

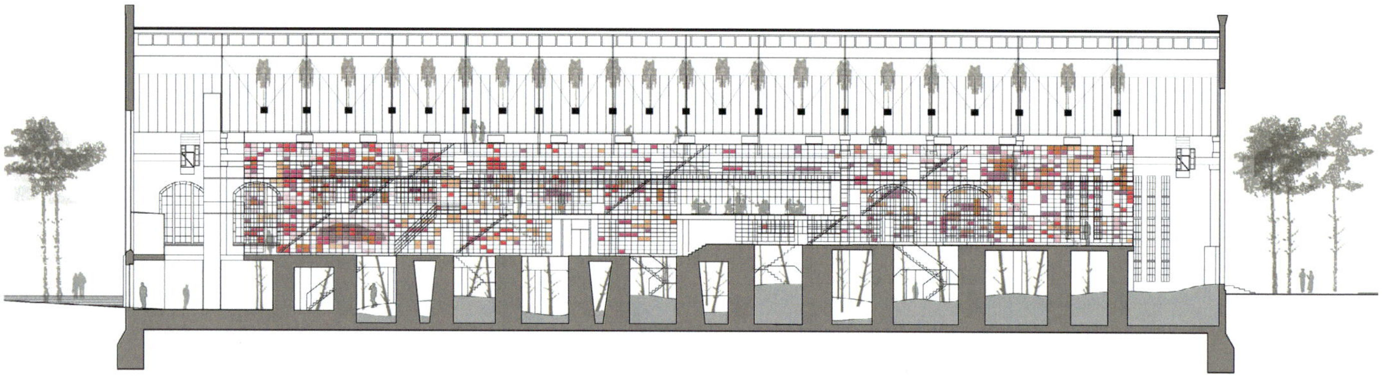

Längsschnitt Longitudinal section

Gedenkwerk

Marcin Ganczarski
Giovanna Nardini
Gerald Schnell
Technische Universität Darmstadt
Prof. Karl-Heinz Petzinka

Als preiswerte wirtschaftliche Lösung zur Neunutzung der Kraftwerksgebäude wird eine Begräbnisanlage entwickelt, die eine unserer Kultur entsprechende individualistische Friedhofskultur etabliert und pluralistische Bestattungsrituale für die moderne Massengesellschaft anbietet. Unter weitgehendem Verzicht auf kostenintensive Dämmungsverfahren und mit geringen reversiblen Umbaumaßnahmen wird die Maschinenhalle mit einem Hochregallager ausgestattet, in dem verschiedene *Accounts* oder ganze Sektionen für die Bestattung von Urnen erworben werden können. Die Bestattungsplätze bieten Raum für Erinnerungsstücke und persönliche Gegenstände der Toten. Ein Rundgang durch ein dreidimensionales Labyrinth präsentiert die Individualität der Personen über den Tod hinaus. Andachts- und Feierräume, Showrooms und ein Nachlassverkauf werden im Betriebsgebäude untergebracht.
Der an der Spree gelegene Teil des Grundstückes steht für andere Nutzungen zur Verfügung und soll abgestoßen werden.

A burial complex on the site of the former power station is an inexpensive, economical proposal, which will establish an individualistic cemetery culture appropriate to its time, and a pluralistic burial ritual for modern mass society. Having for the most part avoided expensive insulation procedures and after minimal reversible conversion measures, the machine hall will be fitted out with high-shelf stores in which *accounts* or whole sections may be purchased for the burial of urns. There will be room in the burial spaces for objects of remembrance or personal belongings of the deceased. A walk through a three dimensional labyrinth will represent the individuality of man beyond the realm of death. Memorial and ceremony rooms, show rooms and space for the sale of the deceased's estate will be accommodated in the operation building.
The part of the site on the River Spree is available for other uses and can be sold off.

Nordgiebel North gable

Lageplan Site plan

Halle mit Hochregalen Hall with high shelves

Steg im Hochregal Platform in high shelf

Ansicht von der Freifläche Elevation of open space

Kraftakt

46 **Sven Krahe**

Fachhochschule Bielefeld
Prof. Bernd Niebuhr

Das Konzept *Kraftakt* verbindet synergetisch ein Veranstaltungszentrum mit einer Hochschule für Tanz und Schauspiel. Dabei nehmen die denkmalgeschützten Gebäude der Kraftwerksanlage Theatersäle, ein Fitness-Studio und gastronomische Angebote auf. Die Maschinenhalle wird für Großveranstaltungen umgebaut und mit einer mobilen Bühne ausgestattet. Die historischen Kranbahnen werden erhalten und in die Inszenierung des Raumes eingebunden.
Mit dem Hochschulgebäude wird die Kubatur des ehemaligen Kesselhauses in Form eines vielgliedrigen modularen Neubaus wiedergewonnen, dessen Dachform sich am Vorgängerbau orientiert. Hinter seiner Fassade aus weißem Beton, Glas und Holzlattung befinden sich Seminarräume, Studios, Café und Bibliothek.
Das Freigelände zur Spree wird als Themenpark angelegt. Der Fluss, dessen Ufer als Strand mit Badekahn gestaltet wird, soll durch einen Wanderweg begleitet werden.

The concept *Power Show* synergistically links an event centre with a college for dance and acting. The listed power station buildings will accommodate theatre halls, a gym and gastronomy. The machine hall will be converted to hold large events and will be equipped with a mobile stage. The historical crane tracks will be maintained and integrated into the staging of the space.
The college building will reproduce the shape of the former boiler house with a modular multiple-element new building whose roof will take its shape from that of its predecessor. Seminar rooms, studios, a cafe and a library will be located behind its cement, glass and wood-panelling façade.
The open space towards the River Spree will be made into a theme park. A path will go along the banks of the river which will be converted into a beach with swimming pool ship.

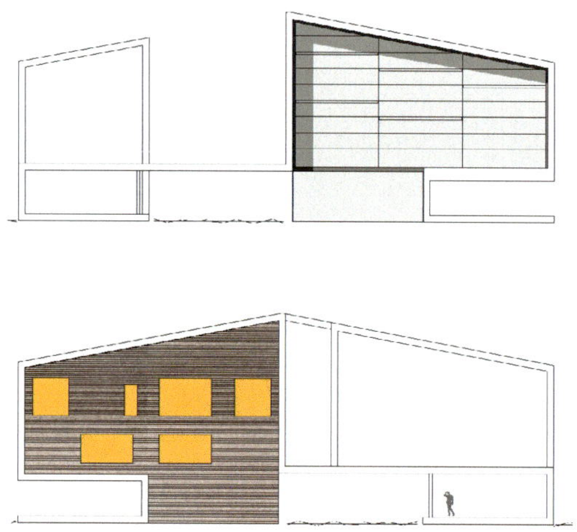

Giebelwände der Hochschule Gable of college

Verbindungsgang Connection corridor

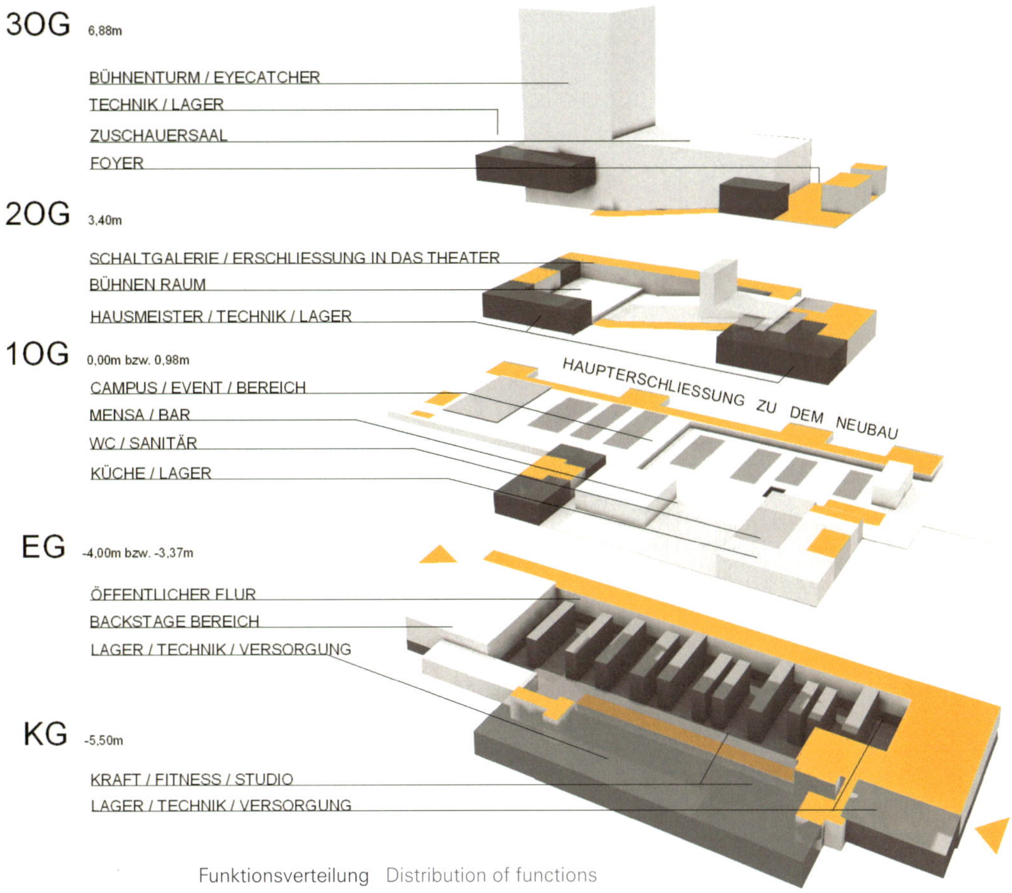

Funktionsverteilung Distribution of functions

Grundriss, Ebene 0 Ground plan, level 0

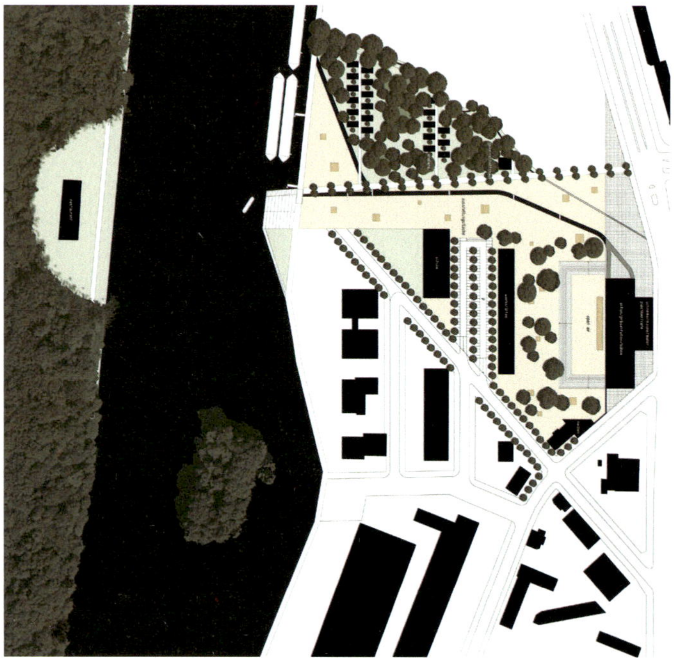

Lageplan Site plan

Blick nach Süden View to the south

Zurück zur Spree. Ein Stadtlandschafts-Baustein

Jürgen Porsch
Universität Karlsruhe
Prof. Henry Bava

Mit der Entwicklung Berlins zur Film- und Medienmetropole wird das Kraftwerksareal als Ausbildungszentrum für Bühnenbildner, Veranstaltungstechniker, Filmemacher, Musiker und Kaufleute der Medienbranche umgenutzt. Das Planungsgebiet schließt angrenzende Grundstücke ein und erarbeitet eine neue Parzellenstruktur, die mit Hochschulergänzungsbauten und eingeschossigen Ateliergebäuden besetzt wird und Raum für einen Skulpturenpark bietet.
Die Bestandsgebäude nehmen Werkstätten, Seminarräume, Mediathek und Ausstellungshalle auf. Sie werden als Hülle begriffen. Jeder Eingriff ist ein auf einem Raster basierendes eingestelltes Volumen, das Nebenfunktionen trägt und räumlich die Hauptfunktionsflächen abgrenzt. Eine Open-Air-Fläche bildet die Grundfläche des ehemaligen Kesselhauses ab.

In conjunction with Berlin's development into a film and media metropolis, the power station area will be converted into a training centre for stage designers, event technicians, film makers, musicians and media traders. The planned area includes neighbouring sites and develops a new allotment structure, which will be generously occupied by college buildings and single-storey studio buildings as well as space for a sculpture park.
The existing buildings will house workshops, a media library and exhibition halls. They will be considered a mere covering. Volumes, inserted into a grid pattern, will accommodate auxiliary functions and set the spatial boundaries of the main function areas. An open–air space will trace the floor space of the former boiler house.

Blick von der Galerie View to the gallery

Ateliergebäude Studio building

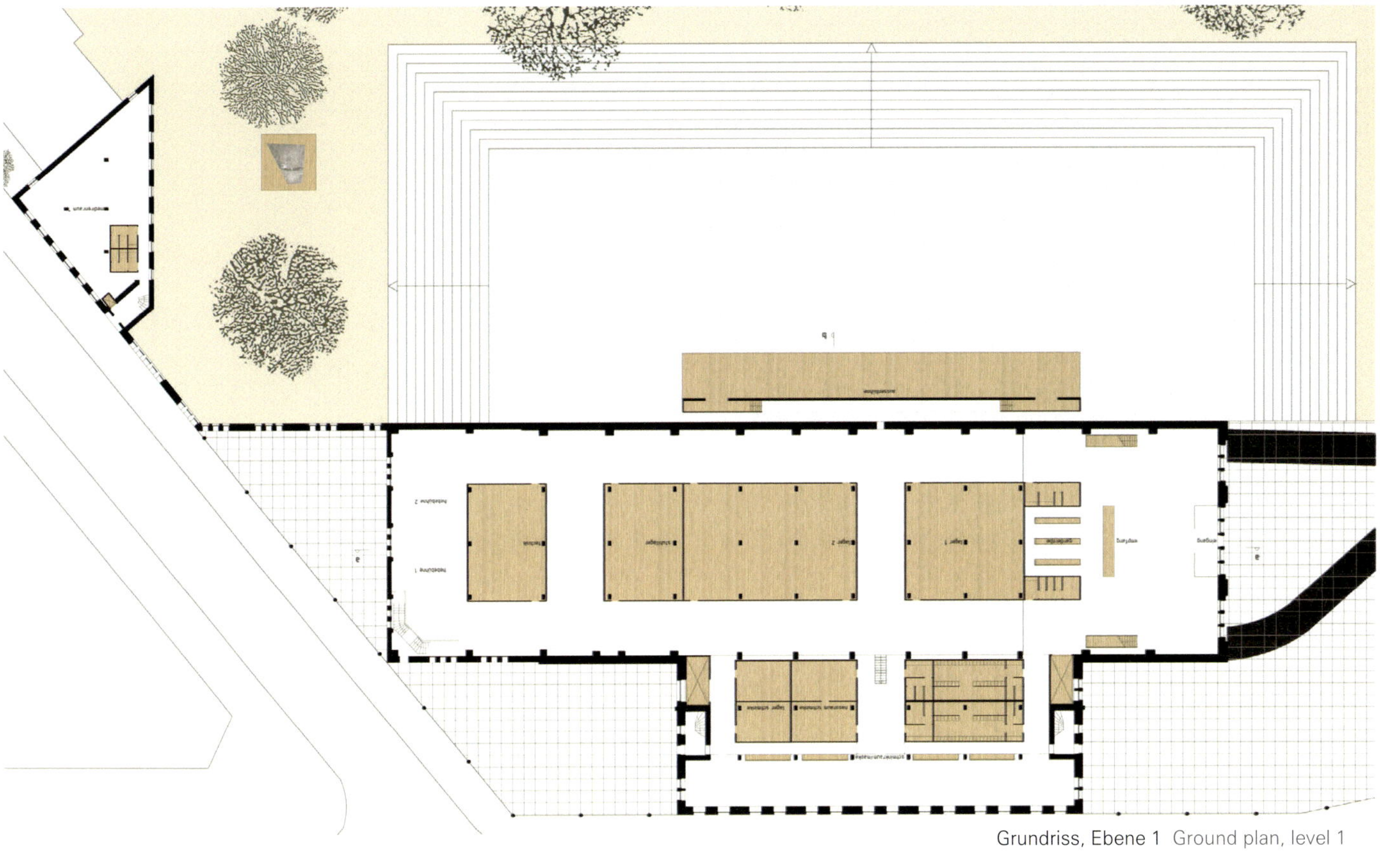

Grundriss, Ebene 1 Ground plan, level 1

Querschnitt Cross section

Betriebsgebäude Operation building

Atelier Studio

Gemeinschaftsbereich Community area

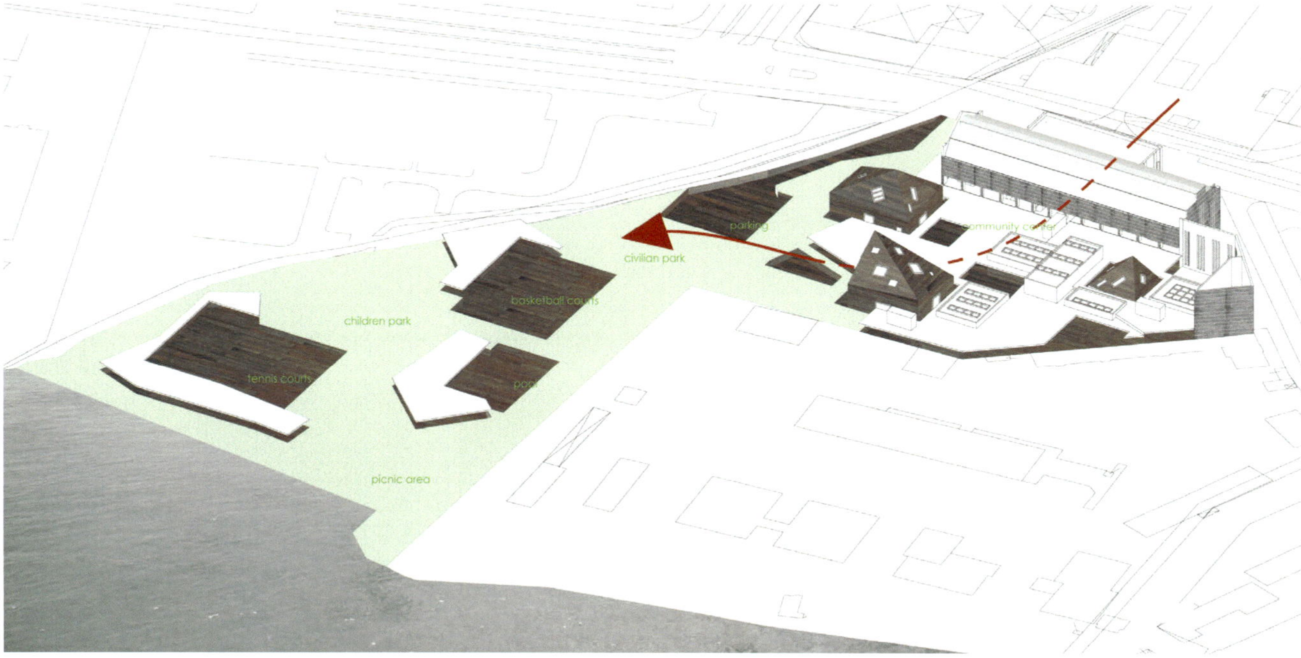

Lageplan Site plan

Neighbourhood Community Centre

Yoshito Ishihara
Fachhochschule Stuttgart
Prof. Ursula Steinhilber

Mit dem Ziel, das Erscheinungsbild des Kraftwerkes neu zu formulieren, wird als prägende Formkomponente ein Sockelgeschoss entwickelt, das die Bestandsgebäude weitgehend umschließt und das Denkmal wie auf ein Podium gehoben wirken lässt. Die Fassade des Betriebsgebäudes wird als Stahl-Glas-Konstruktion neu gefasst. Hier befindet sich der Hauptzugang zum Nachbarschaftszentrum, das einen durchlässigen öffentlichen Raum mit einer Vielfalt von Nutzungen beherbergt und unter einem gemeinsamen Dach zusammenschließt. Die Halle des Maschinenhauses wird für Veranstaltungen genutzt, während das Untergeschoss Teil der öffentlichen Durchwegung ist und als Foyer dient. Das umgebende Sockelgebäude birgt Pavillons mit Seminarräumen, Ausstellungssälen, Bibliothek, Restaurants sowie Sport- und Freizeiteinrichtungen und dient als Zugangsraum zum an der Spree gelegenen Freigelände.

A base storey, which aims to alter the appearance of the power station and which largely encloses the original buildings, has been added to give the impression that the monument is resting on a pedestal. The operation building's façade has been re-conceptualised in a steel-glass construction. The main entrance to the neighbourhood centre is located here in this permeable public space, which accommodates various functions and merges them under one roof. The hall of the machine building will be used for events while the bottom level will be part of a public path and will also be the foyer. The surrounding pedestal building contains seminar rooms, exhibition halls, a library, restaurants and sport and leisure facilities and serves as an access space to the open-air area on the River Spree.

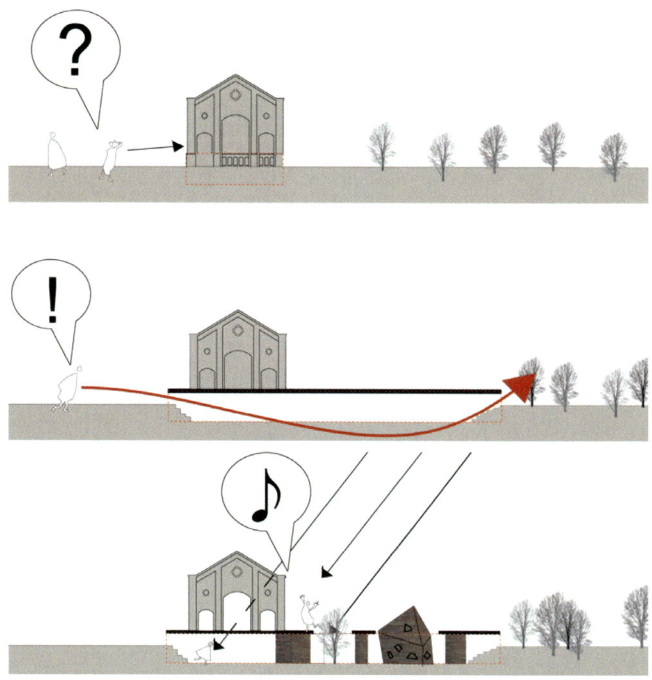

Prinzipskizze Principle sketch

Ansicht von der Rummelsburger Landstraße Elevation from Rummelsburger Landstrasse

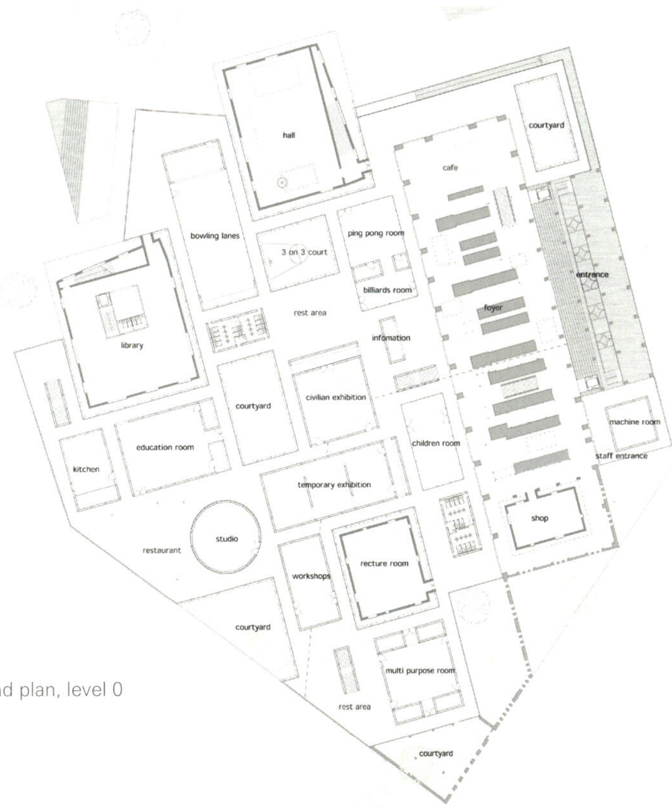

Grundriss Ebene 0 Ground plan, level 0

Querschnitt Cross section

Transportband in der Maschinenhalle Conveyor belt in machine hall

Raum_Stadt

Ilija Bentscheff
René Döring
Lüdia Glienke
Kurt M. Herrmann
Maria Lampe
Frank Zeidler
Universität der Künste Berlin
Hochschule Wismar
Prof. Joachim Andreas Joedicke

Raum_Stadt ist eine Zukunftsvision für eine flexible Wohnstadt in der Mitte des 21. Jahrhunderts. Der Entwurf strebt ein veränderbares Stadt-Raum-System an, in dem versiegelte Flächen nach dem Nutzungsverhalten seiner Bewohner geschaffen und demontiert werden können und in dem Beweglichkeit Stillstand verhindert. Diesem Ansatz wird mit dynamischer Architektur Rechnung getragen. Das Konzept bietet zwei verschiedene Wohnformen in ausbaufähigen Modulcontainern an, die vor Ort in der Maschinenhalle produziert, bewegt und gelagert werden. An den Gegebenheiten einer hochmobilen Gesellschaft orientiert, werden sie bedarfsgerecht als Wohnbauten auf der Freifläche des ehemaligen Kraftwerksareals platziert oder an ein das gesamte Gelände überstreichendes Transportband gehängt, um *Wohnen in Bewegung* zu ermöglichen.

Space_City is a futuristic vision of a flexible mid-21st century residential city. The design endeavours to create a changeable city-space-system in which sealed areas may be created and dismantled according to the needs of their occupants. The movement involved is intended to prevent stagnation and creates dynamic architecture. The concept suggests two types of residential convertible module containers, which will be produced, moved and stored on-site in the machine hall. Based on the needs of a highly mobile society, the tailor-made residential units will be placed in the open space around the power station or will facilitate *living in motion* by being hung on a transport belt running through the whole site.

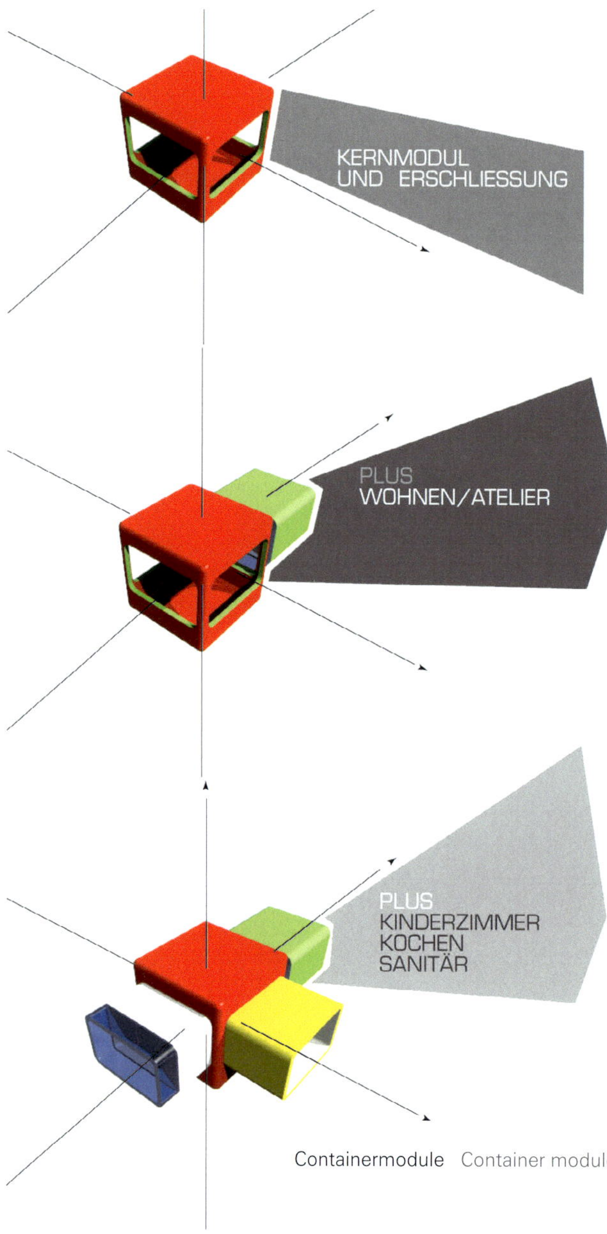

Containermodule Container modules

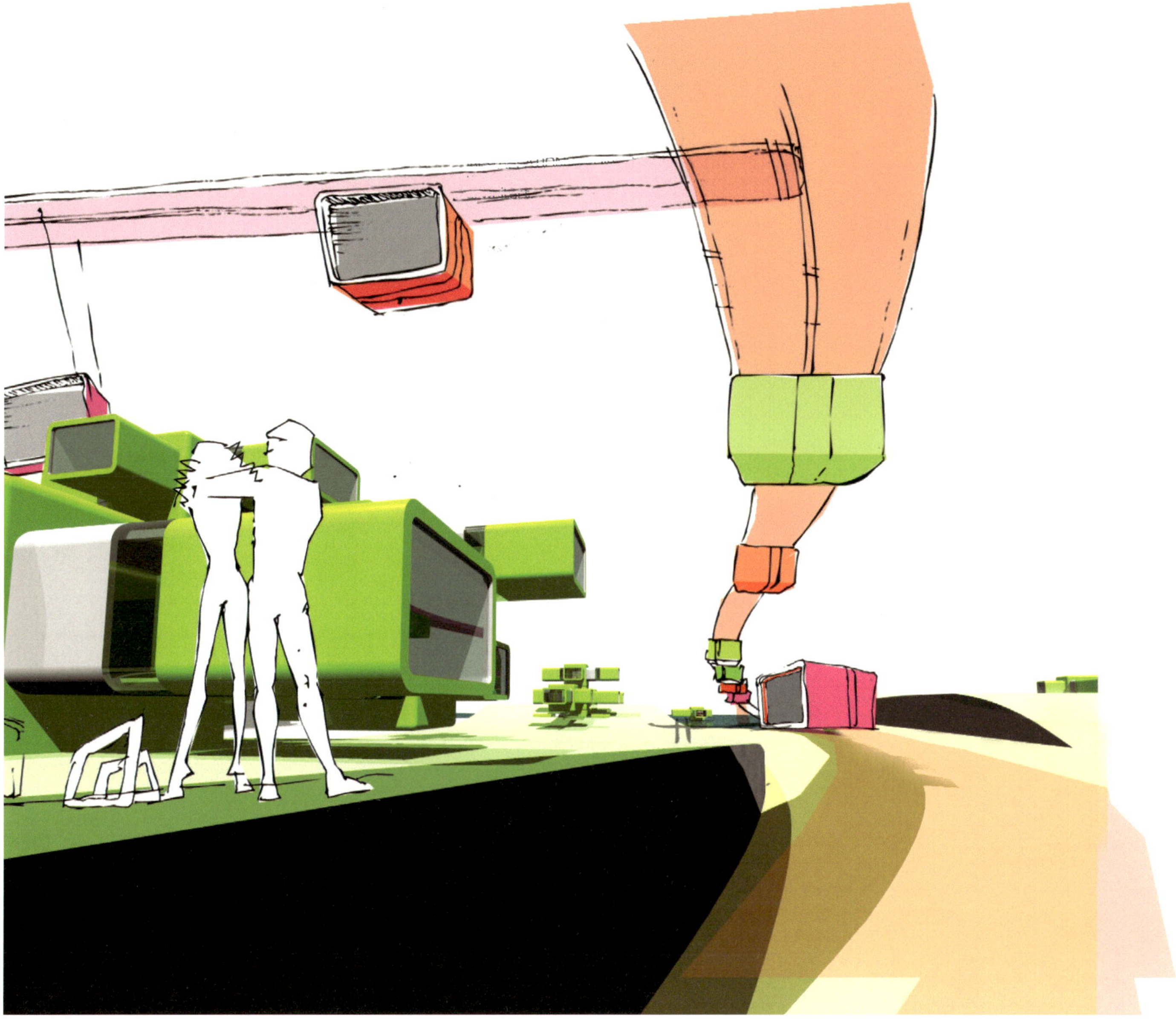

Transportband auf der Freifläche Outdoor conveyor belt

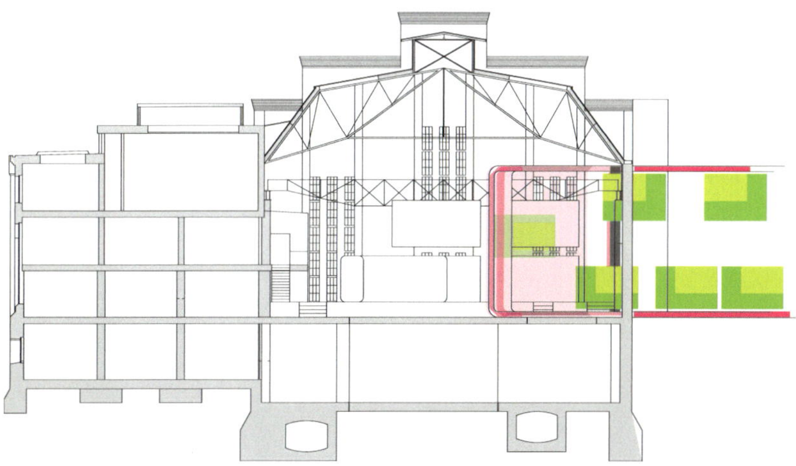

Querschnitt Cross section

Kunstwerk

Karin Baeuchle
Technische Universität Kaiserslautern
Prof. Dr. Gerhard Steinebach

Kulturzentrum Rummelsburg

Matthias Rehberg
Universität Karlsruhe
Prof. Walter Nägeli

Panoplia House

Nuno Alexandre, João Daniel, Alberto Marques, Rui Pedro
Universidade Lusofona Lissabon
Prof. Carlos Alho

Art Factory

Michaela Andrejkova, Lenka Benusova
Slovak University of Technology
Prof. Dr. Daniela Gazova

Künstlerkolonie Rummelsburg

Elena Kraus, Vanessa Thurau
Universität Kassel
Prof. Alexander Eichenlaub

Alt gegen Neu – Alt neben Neu

Alexandra Schmitt
Fachhochschule Frankfurt am Main
Dipl.-Ing. Jens Daube

Kulturwerkstatt

Sascha Schröder
Hochschule Wismar
Prof. Joachim Andreas Joedicke

Kultur_Kommunikation_Kraftwerk

Martha Biesold, Jan Müller, Ulrike Probst
Technische Universität Berlin
Prof. Klaus Zillich

Alterniversum

Christian Pohl
Mike Seifart
Fachhochschule Leipzig

Kraftix

Marcin Winnicki
Politechnika Wrocławska
Prof. Dr. Ada Kwiatkowska

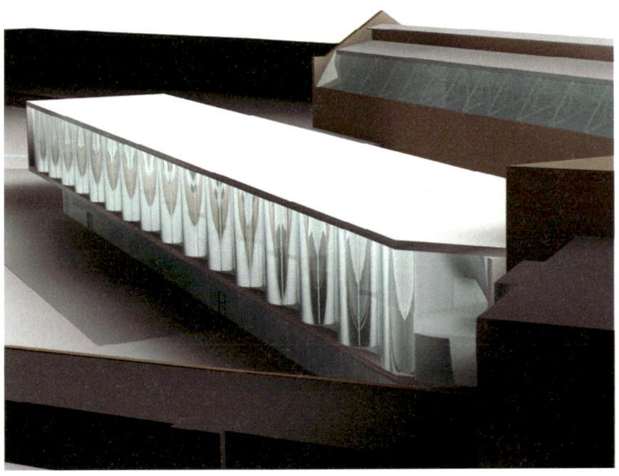

Revitalisierung

Daniel Hoefer
Universität Kassel
Prof. Alexander Eichenlaub

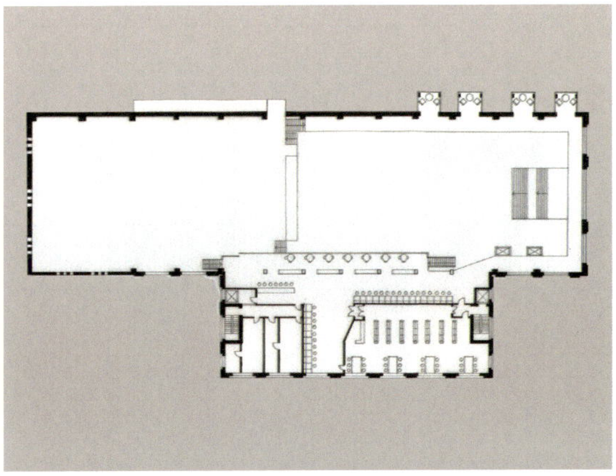

Welcome (back) to Elektropolis

Nicolae Duduta
Lyon School of Architecture

Ein Haus für die Kunst

Maria Bachvarova, Maya Prodanova
Universität Hannover
Prof. Michael Braum

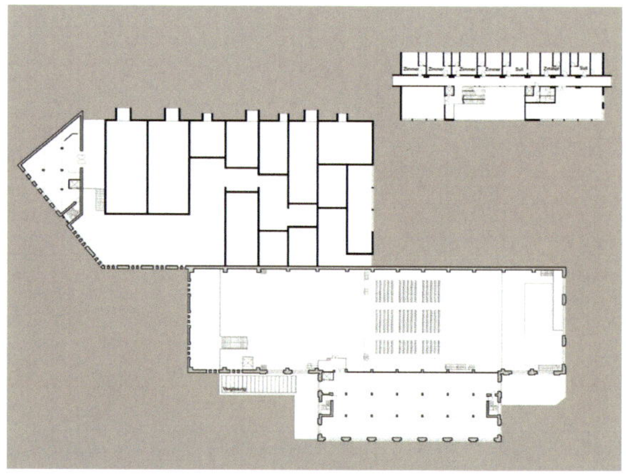

Kulturwerk Rummelsburg

Günther Mader
Technische Universität Graz

Musikfabrik contra Fabrikmusik

Robert Kühn
Hochschule für Technik und Wirtschaft Dresden
Prof. Dr. Valentin Hammerschmidt

Lautwerk

Christian Blumenthal
Hochschule Wismar
Prof. Joachim Andreas Joedicke

City Invites Youth To Create

Justinas Dūdėnas, Julija Kšivickaitė, Mindaugas Reklaitis, Akvilė Rimantaitė
Vilnius Gediminas Technical University

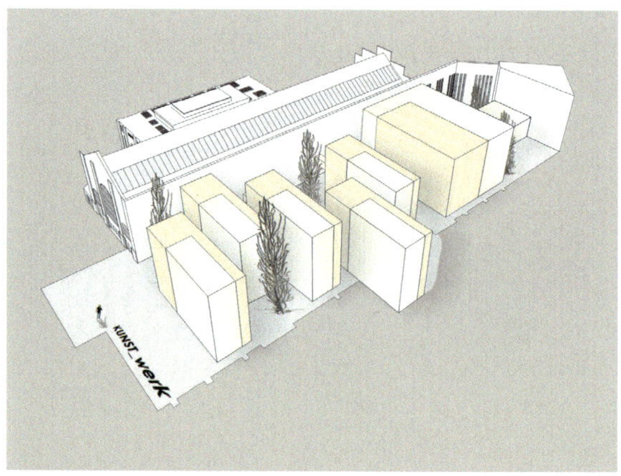

Kunst_Werk

Franziska Fischer, Jana Seifert
Fachhochschule Leipzig
Prof. Harald Stricker

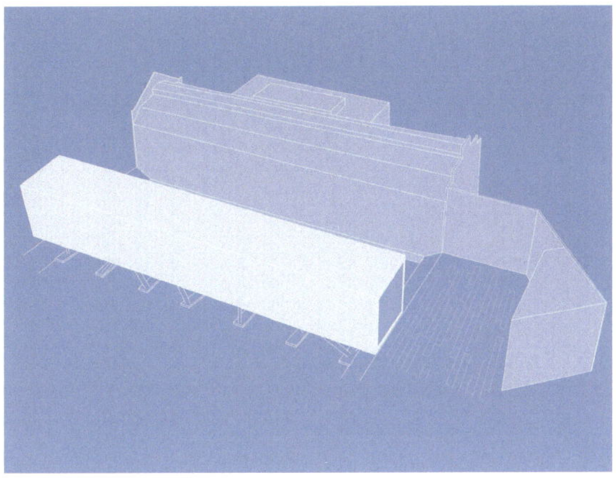

Das Magazin

Ulrike Kuch
Bauhaus-Universität Weimar
Dipl.-Ing. Jürgen Hauck

Archiv mit Energie

Andreas Keffel
Hochschule für Kunst und Design Halle
Prof. Mara Pinardi (TFH Berlin)

Stoffwechsel

Tanja Bruder
Fachhochschule Frankfurt am Main
Dipl.-Ing. Jens Daube

Uni"Form" University of Design

Gunnar Jäckel, Gerald Klingbeil
Hochschule Wismar
Prof. Joachim Andreas Joedicke

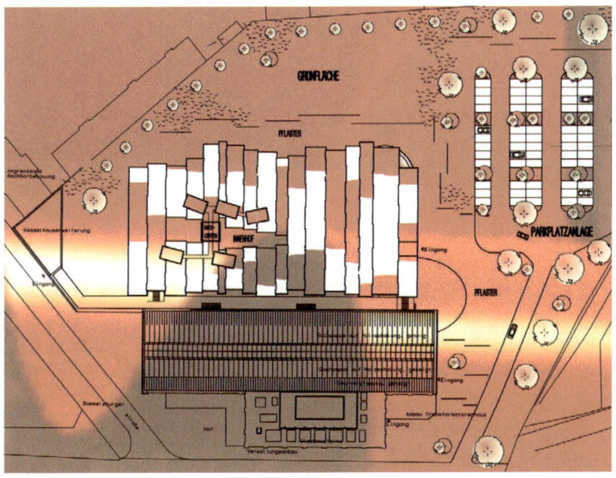

Bühnenwelt-Akademie

Volker Goss, Christoph Würthle
Fachhochschule Koblenz
Prof. Ulf Decker

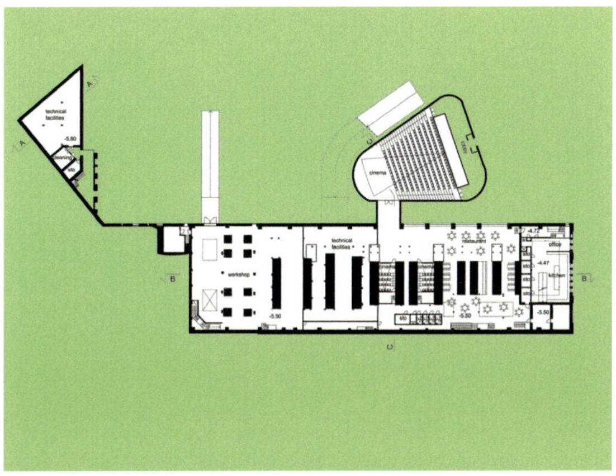

Rummelsburg Film School

Miia Nieminen
Tampere University of Technology

Turbinenhalle – Tanzhalle

Marco Bumeder, Diana Obermaier
Fachhochschule München
Prof. Jörg Weber

Zentrum der Begegnung

Katrin Talmon
Universität Kassel
Prof. Alexander Eichenlaub

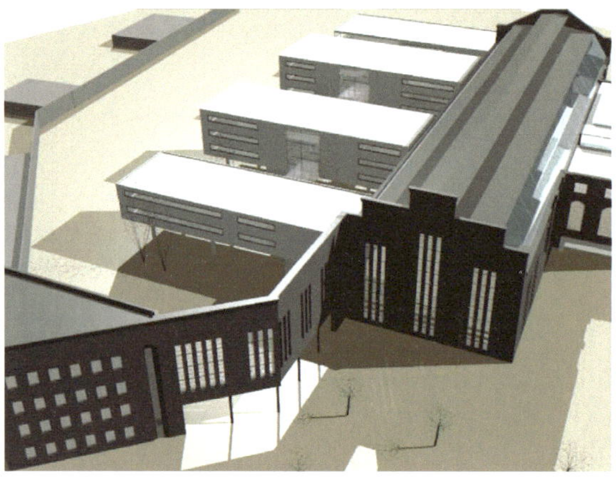

Schule am Müller-Platz

Laura Cambellotti
Fachhochschule Frankfurt am Main
Dipl.-Ing. Jens Daube

Bildungsinsel

Felicitas Kusters
Universität Kassel
Prof. Brigitte Häntsch
Prof. Manfred Grohmann

Kulturfabrik

Mike Weber
Fachhochschule Stuttgart
Prof. Ursula Steinhilber

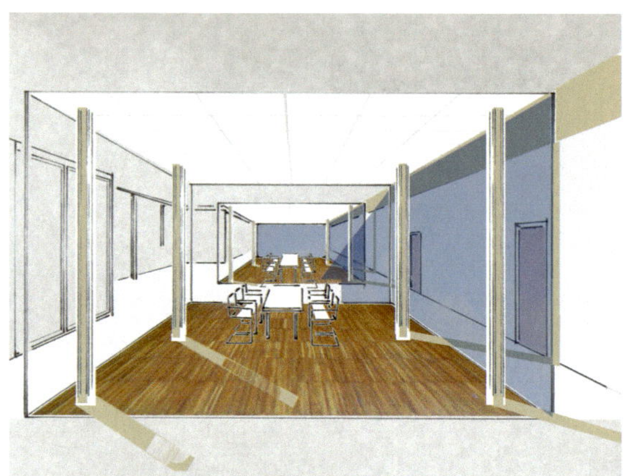

Kommunikationswerk

Nina Fiedler, Sorin Helbig, Simone Kunz
Fachhochschule Konstanz
Prof. Dr. Immo Boyken

Grüner Impuls

Emanuela Boretzki, Sven Mühlberger, Robert Roloff
Technische Fachhochschule Berlin

TanzRaumBerlin

Eva Kubicki, Kerstin Schlosser
Fachhochschule Wiesbaden
Prof. Dieter Schreeren
Prof. Günter Weber

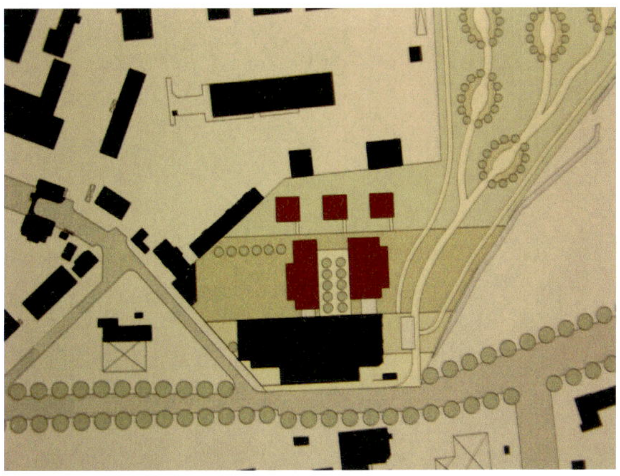

Kunst-Kultur-Werk

Jacqueline Karcher
Fachhochschule Stuttgart
Prof. Ursula Steinhilber

Gewerbe und Dienstleistungen

Services and Trade

Eine Vielzahl an Gewerbe- und Forschungsstandorten wird entwickelt, die zum städtebaulichen Umfeld passen und vom Raumangebot des großflächigen Grundstückes profitieren. Dabei spielen ökologisch orientierte Branchensparten wie Energietechnologieproduktion und Baustoffherstellung sowie der Vertrieb von Pflanzen eine besondere Rolle. Andere Konzepte wenden sich an den genussverwöhnten Großstädter und bieten außergewöhnliche Orte für die Konsumtion von veredelten Lebensmitteln oder die Distribution von Möbeln, Mode und Trendschuhwerk an.

Die gemeinsame Nutzbarmachung von Wasserlage und Hallenarchitektur findet ihren spezifischen Ausdruck in einer Vielfalt von Werftstandorten, die mit Yachthäfen, Wassersportangeboten und hochwertigen Wohnquartieren am Wasser verknüpft werden. Der ehemalige Kohlelagerplatz nimmt dabei meist das Hafenbecken auf, das von einer Uferpromenade begleitet oder durch Brückenkonstruktionen überspannt wird.

Mehrere Entwürfe verpflichten sich dem Ansatz, das Areal in Zukunft durch den jetzigen Eigentümer zu nutzen und schlagen einen Verwaltungssitz für die Bewag vor. Dabei werden zur Hallenarchitektur des Bestandes, die als Speisesaal, betriebsinterne Sporthalle oder Parkhaus genutzt wird, ergänzende Geschossbauten mit Büroräumen addiert.

Several trade and research centres have been developed, which fit well into the urban fabric and benefit from the large size of the property. Ecologically oriented businesses such as the production of energy technology and building materials as well as the sale of plants are of particular significance. Other concepts appeal to more indulgent city dwellers and feature facilities for the consumption of refined foods or the distribution of furniture, fashion and footwear.

The joint use of the waterside site and hall architecture are the specific subject of several port projects, which provide marinas, water sports facilities and high-end waterfront residential developments. The former coal store usually becomes the port basin with a boardwalk or spanned by a bridge construction.

Several designs propose the future use of the property by its present owners and suggest an administrative centre for the Bewag (Berlin Electricity Supply Company). Further storeys containing office space have been added to the original hall architecture, which has been converted into a dining room, internal sports hall or a multi-storey car park.

KV Eigenbedarf

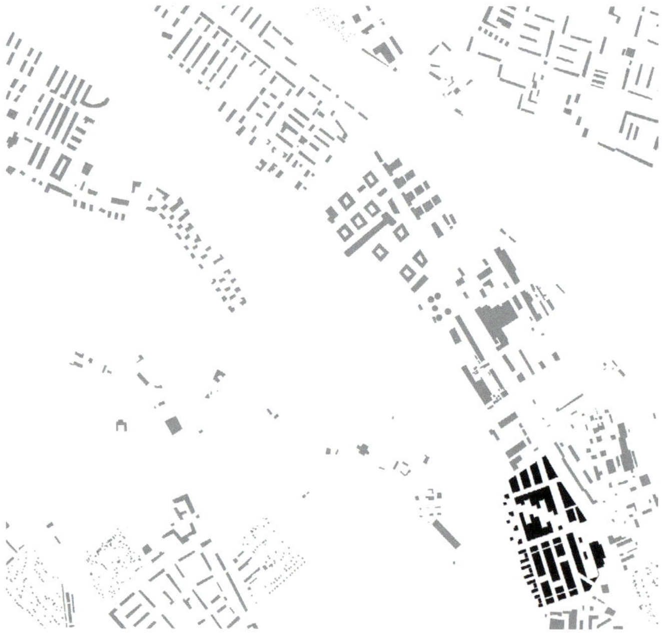

Lageplan Site plan

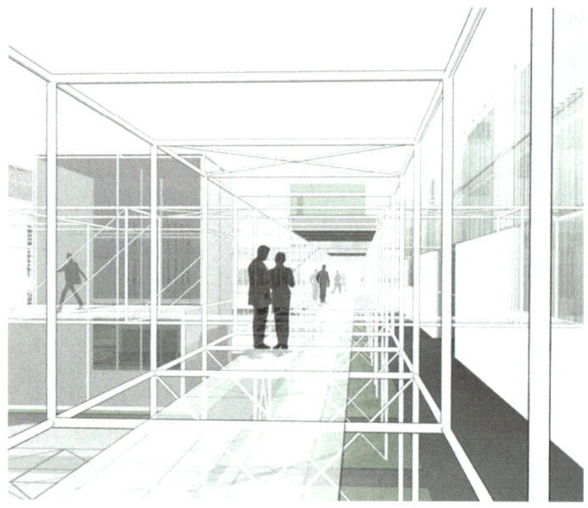

Erschließung Access

Genpark Rummelsburg

62

Immanuel Geis
Johannes Müntinga
Isabel Riese

Rheinisch-Westfälische Technische Hochschule Aachen
Prof. Kunibert Wachten

Mit einem Forschungszentrum für Grüne Gentechnik und Biotechnologie wird für das Kraftwerksareal eine Nutzung entwickelt, die schrittweise umgesetzt werden kann. Dabei wird das Denkmal als wesentlicher Identifikationspunkt angesehen. Den Grundstein bildet ein Forum für Gentechnik, das die Bestandsgebäude und den Neubau eines Forschungsinstituts zu einer Funktionseinheit zusammenbindet. Das Maschinenhaus wird als Mehrzweckhalle genutzt. An Stelle des Kesselhauses entwickelt sich ein Raumgitter, das der wechselseitigen Erschließung von Alt- und Neubau dient und in das Container für Mediathek und Vorführungslabore integriert sind.
Die zweite Ausbaustufe adaptiert mit einem hochwertigen Wohnpark die Idee des Wohnens am Wasser an der Rummelsburger Bucht.
In der dritten Phase werden die Innenbereiche des Grundstückes in Erweiterung der universitären Forschungseinrichtungen ausgebaut und ein Gründerzentrum und Studentenwohnungen angelegt.

This research centre for green gene technology and biotechnology is a step-by-step proposal for the conversion of the power station area. The monument remains the central point of identification. Initially the forum for gene technology will merge the research institute in the new and existing buildings into one functional unit. The machine hall will be a general-purpose hall. A 3-D grille in place of the boiler house will allow access to both the old and new building and will be part of the media library and presentation laboratory container.
The second phase will relate to the high-class waterside residence concept already present in Rummelsburg Bay.
The third phase will be the development of the site's internal areas by extending the university's research facilities and establishing a business start-up centre and student apartments.

Raumgitter Spatial grid

Ausbau Finishing

Maschinenhalle Machine hall

Querschnitt Cross section

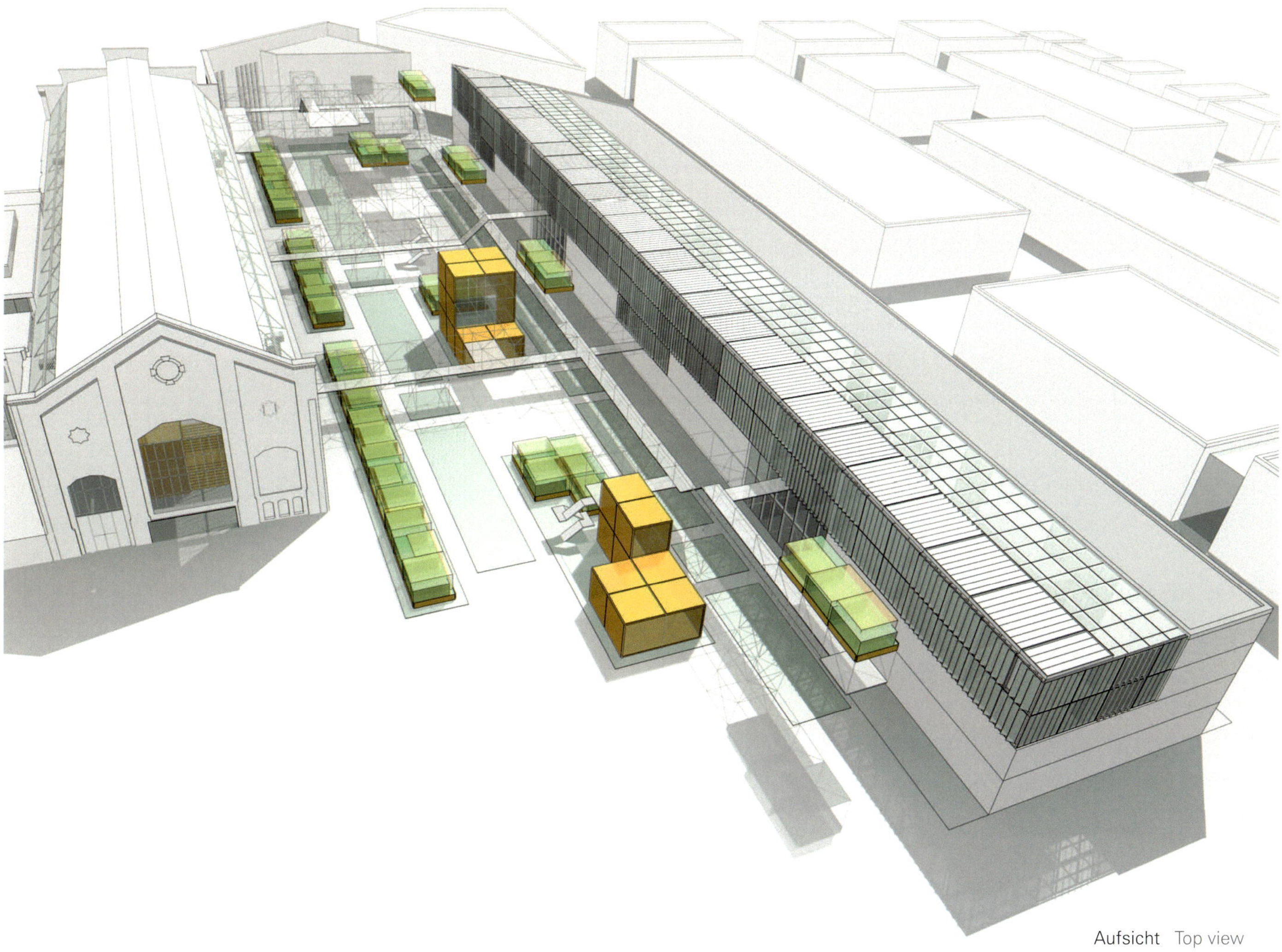

Aufsicht Top view

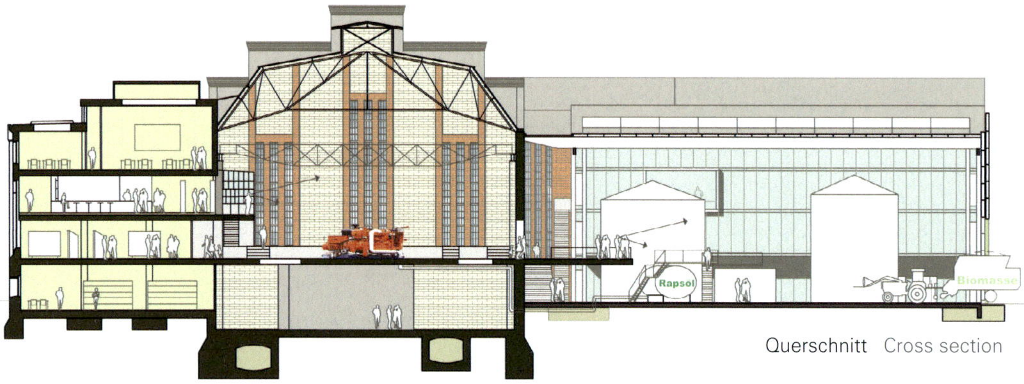

Querschnitt Cross section

Zentrum für regenerative Energien

64 **Gordon Hesse**
Anita Pergande
Technische Universität Berlin
Prof. Klaus Zillich

Maschinenhalle Machine hall

Das ehemalige Kraftwerk ist städtebaulich in ein Energie-Cluster eingebunden. Die Fortschreibung seiner angestammten Nutzung als Energielieferant ist Funktionsthema des Entwurfs. An die Stelle der Stromproduktion aus Kohle tritt nun die Energiegewinnung aus Biomasse. Das *Zentrum für regenerative Energien* verbindet Produktionsstandort, Forschungseinrichtungen, Pilotsiedlung und Besucherzentrum. Das Maschinenhaus beherbergt die Brennstoffzellen, Musteranlagen zur Energiegewinnung und ein Blockheizkraftwerk, das mit Pflanzenöl betrieben wird. Der Kesselhausneubau am Platz seines Vorgängers ist durch eine Fuge vom Altbau abgesetzt. Hier wird Biomasse zur Verarbeitung vorbereitet.
Der Außenraum bietet Pflanzflächen für energetische Rohstoffe. An der Spree befinden sich neben Aussichtsturm und Bootsanleger die ökologische Musterwohnanlage in Form einer dreigeschossigen Reihenhaussiedlung.

The former power station is part of an urban energy cluster. This design plays on its original energy-providing role. Biomass energy production will replace coal-powered energy production. The *centre for regenerative energy* will connect production, research facilities, pilot settlements and a visitor centre. The machine building will accommodate combustion cells, prototype facilities for energy production, and a vegetable oil-run block-type thermal power station. Biomass will be prepared for use in the new boiler house which will replace its predecessor, albeit slightly set back from the remaining original buildings.
Plants will be sown in the grounds and will later be the raw materials for the energy produced. A prototype three-storey eco-terraced-house settlement will join the lookout tower and the pier on the banks of the River Spree.

Pilotsiedlung Pilot settlements

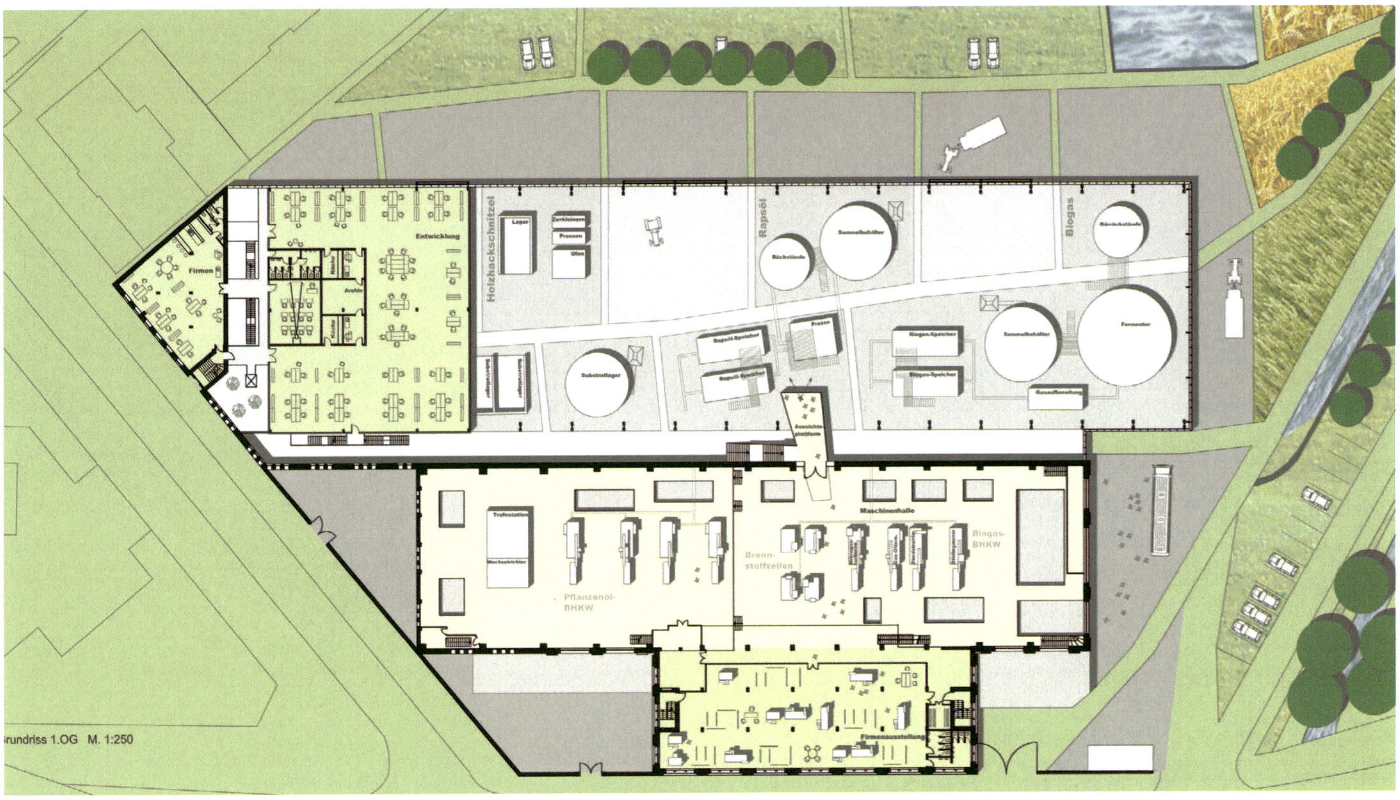

Grundriss, Ebene 1 Ground plan, level 1

Aufsicht Top view

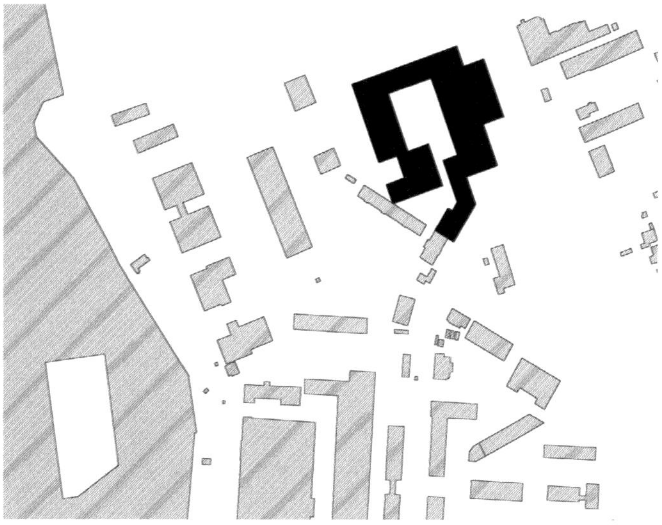

Lageplan Site plan

Modell Model

Bewag Verwaltungssitz

66 **Mathilde-Yenda Hug**

Technische Universität Kaiserslautern
Prof. Helmut Kleine-Kraneburg

Der Hauptzugang zum Verwaltungssitz liegt an der Rummelsburger Landstraße. Im fünfgeschossigen Neubauteil sind Büros, das Rechenzentrum und Konferenzräume untergebracht. Die Maschinenhalle wird als Speisesaal mit Palmenhaus genutzt, in das Betriebsgebäude sind Direktionsräume, ein Festsaal und die Küche für das Casino eingepasst.
Ausschlaggebend für den Entwurf ist das Leitbild der Oase: intensive Nutzung des kompakten Raums, Dichte, Anziehungspunkt und Sehnsucht. Bestandsgebäude und Zubauten sind als symbiotische Funktionselemente miteinander verbunden. In Aneignung des Bestandes verschmelzen Altbau und Neubauten fugenlos zu einer kompakten architektonischen Einheit. Als koppelnde Elemente sind ein Sockelgeschoss in rotgefärbtem Beton eingesetzt und ein zentraler Platz gestaltet. Durch das Aufbrechen der Westwand der Maschinenhalle wird die Differenz zwischen Alt und Neu zusätzlich verwischt.

The main entrance to the new administrative centre will be on Rummelsburger Landstrasse. The new five-storey building will accommodate offices, a computer centre and conference rooms. The machine hall will be converted into a dining room with a palm house. Management rooms will be housed in the operation building as well as a festival room and a kitchen for the casino. The concept is strongly based on the idea of an oasis: the intense use of compact spaces, density, a centre of attraction and yearning. The existing and new buildings will be linked with each other as symbiotic functional elements. In a paraphrase of the original buildings, old and new buildings will melt seamlessly together to form a compact architectural unit. A red concrete pedestal storey and a central plaza will be the main connecting elements. The breaking up of the west machine hall wall will further erase the differences between old and new.

Blick auf den Platz View of plaza

Aufgang zum Platz Access to plaza

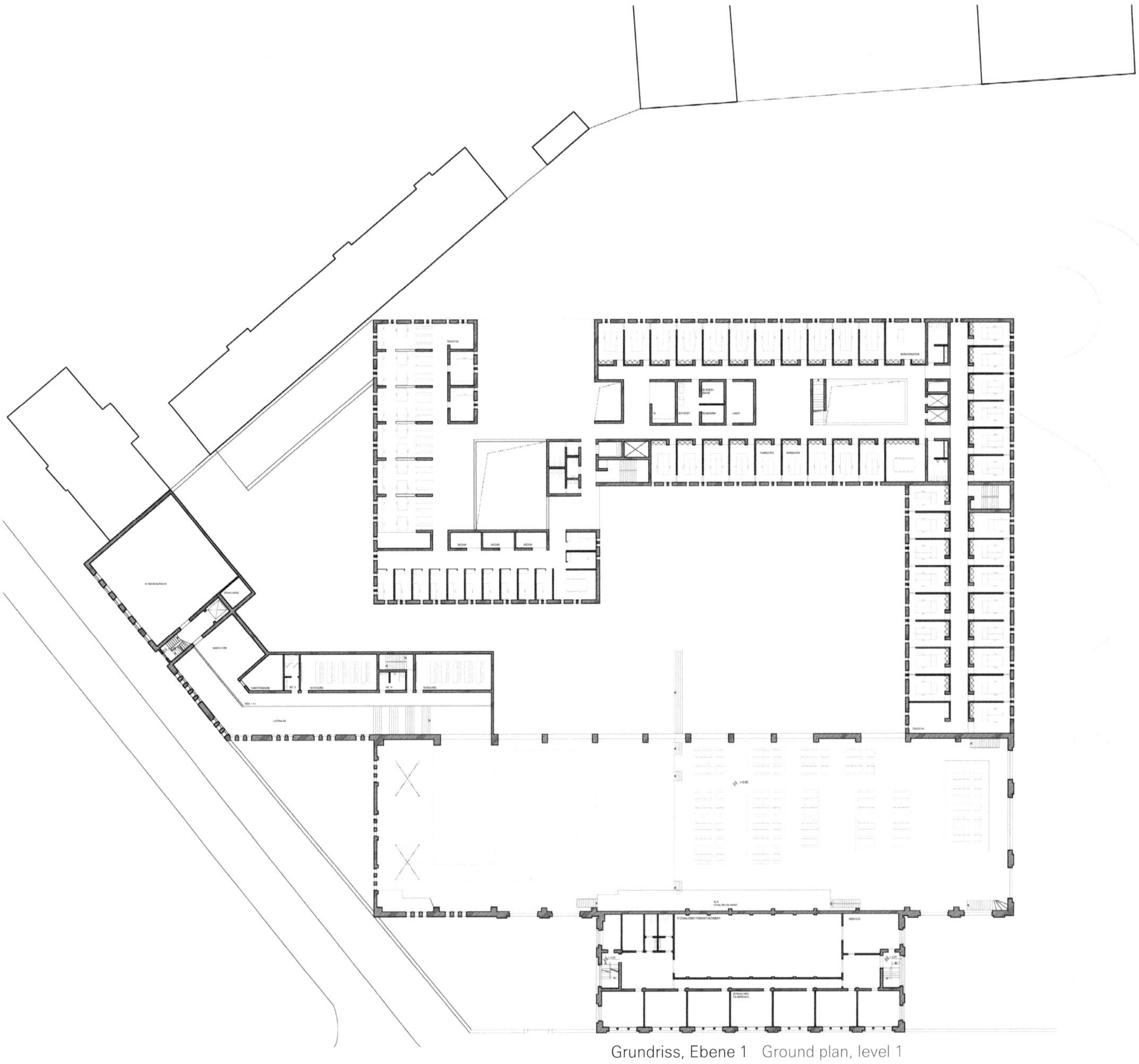

Grundriss, Ebene 1 Ground plan, level 1

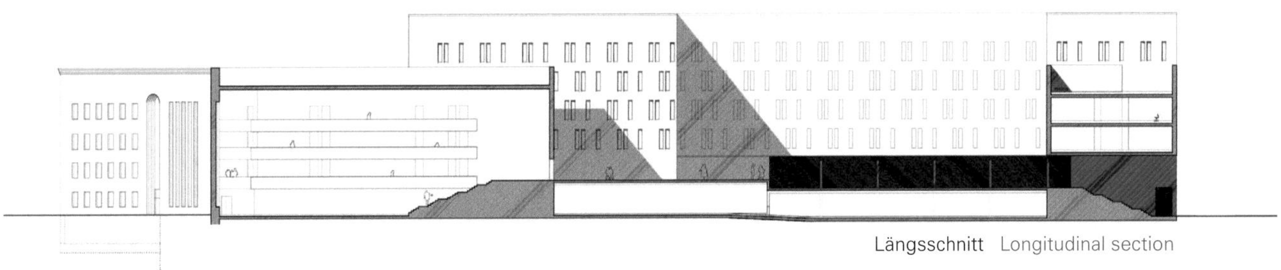

Längsschnitt Longitudinal section

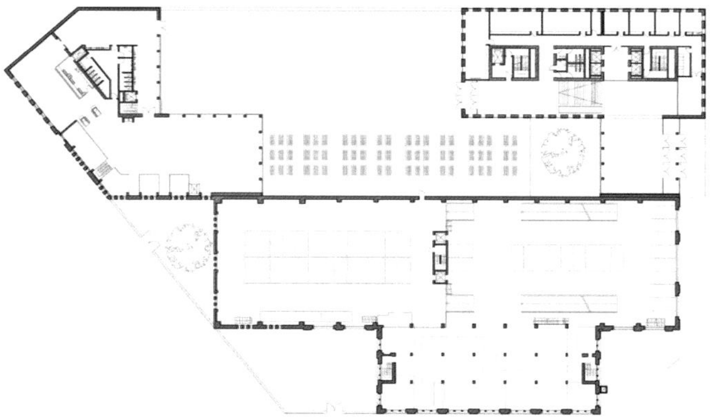

Grundriss, Ebene 1 Ground plan, level 1

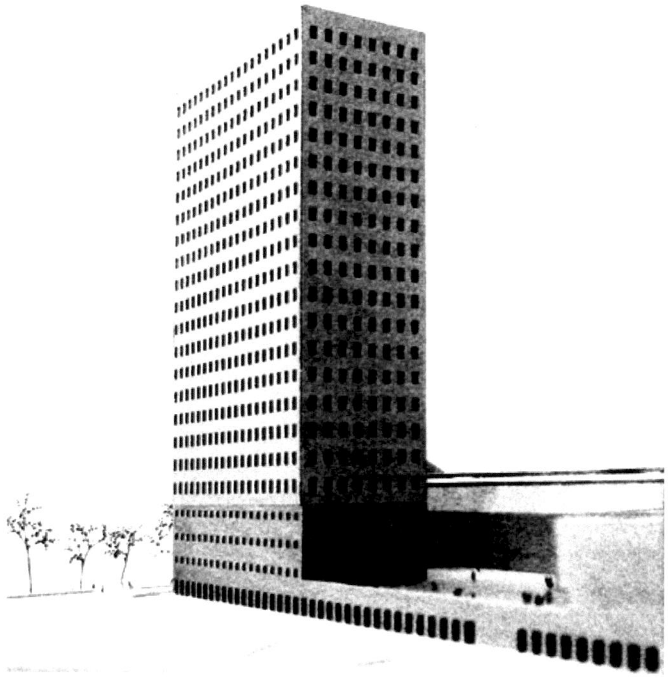

Hochhaus und Sockelbau Multi-storey and pedestal buildings

Bewag Standort Rummelsburg

Yann Riedel
Technische Universität Kaiserslautern
Prof. Helmut Kleine-Kraneburg

Das Gelände soll zukünftig weiterhin der Bewag zur Verfügung stehen und ein zentrales Rechenzentrum mit dazugehöriger Verwaltung und Betriebscasino aufnehmen. Dazu ist entlang des Bestandes ein Sockel angelegt, über dem sich ein 22-geschossiger Büroturm mit einer strengen Lochfassade erhebt. Der Verwaltungsturm überragt wie die ehemaligen, 80 Meter hohen Schornsteine die Halle und markiert den Standort in der Umgebung. Der Turm bietet attraktive Arbeitsplätze, die es den Angestellten erlauben, aus der „Trichtersituation" des Geländes herauszutreten und über die Bestandsgebäude hinweg die reizvolle Umgebung mit den Grünanlagen Treptower Park, Volkspark Wuhlheide und Plänterwald wahrzunehmen.
Die hohen Fensteröffnungen des ehemaligen Kesselhauses dienen der eindrucksvollen Belichtung des Speisesaales eines Casinos, das als Neubau auf dem Platz des Werkstattgebäudes unter Einbeziehung der historischen Fassade angelegt ist.

The premises will remain in the hands of the Bewag (Berlin Electricity Supply Company) and will accommodate a central computer centre with the corresponding administration and company casino. A 22-storey office tower with severe perforated façade will rise above a pedestal along the existing building. Similar to the original 80-metre high chimneys, the administration tower will soar above the hall and become a landmark in the surrounding area. Attractive work areas will be a special feature of the tower which will raise employees above the funnel-like site to appreciate the view over the original buildings to the attractive surrounding parks – Treptower Park, People's Park Wuhlheide and Plänterwald.
A casino will occupy the site of the former boiler house. The high window openings of the still existing historical façade will provide the casino's dining room with impressive lighting effects.

Neubau und Kesselhausfassade New building and boiler house façade

Kesselhausfassade Boiler house façade

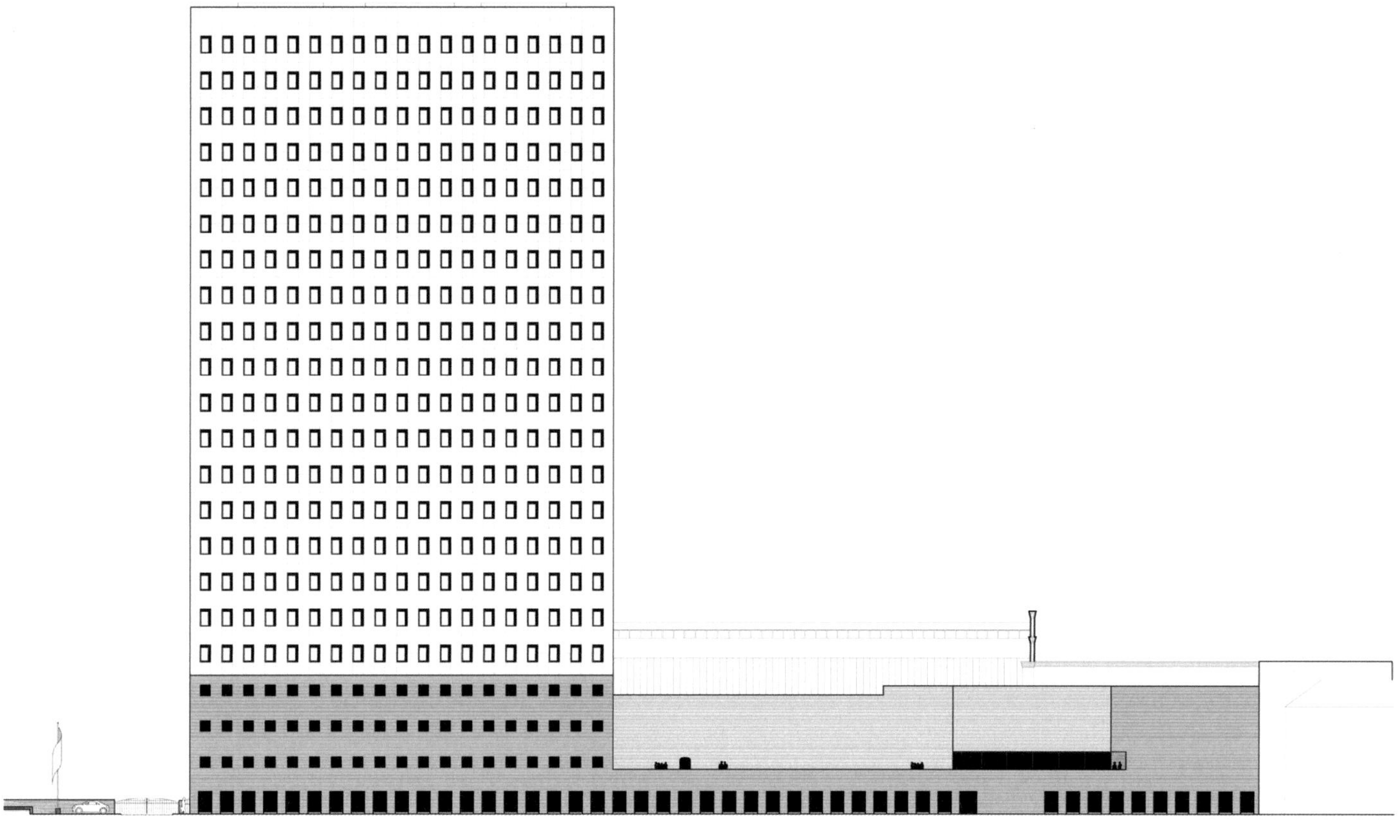

Fassade Westen West façade

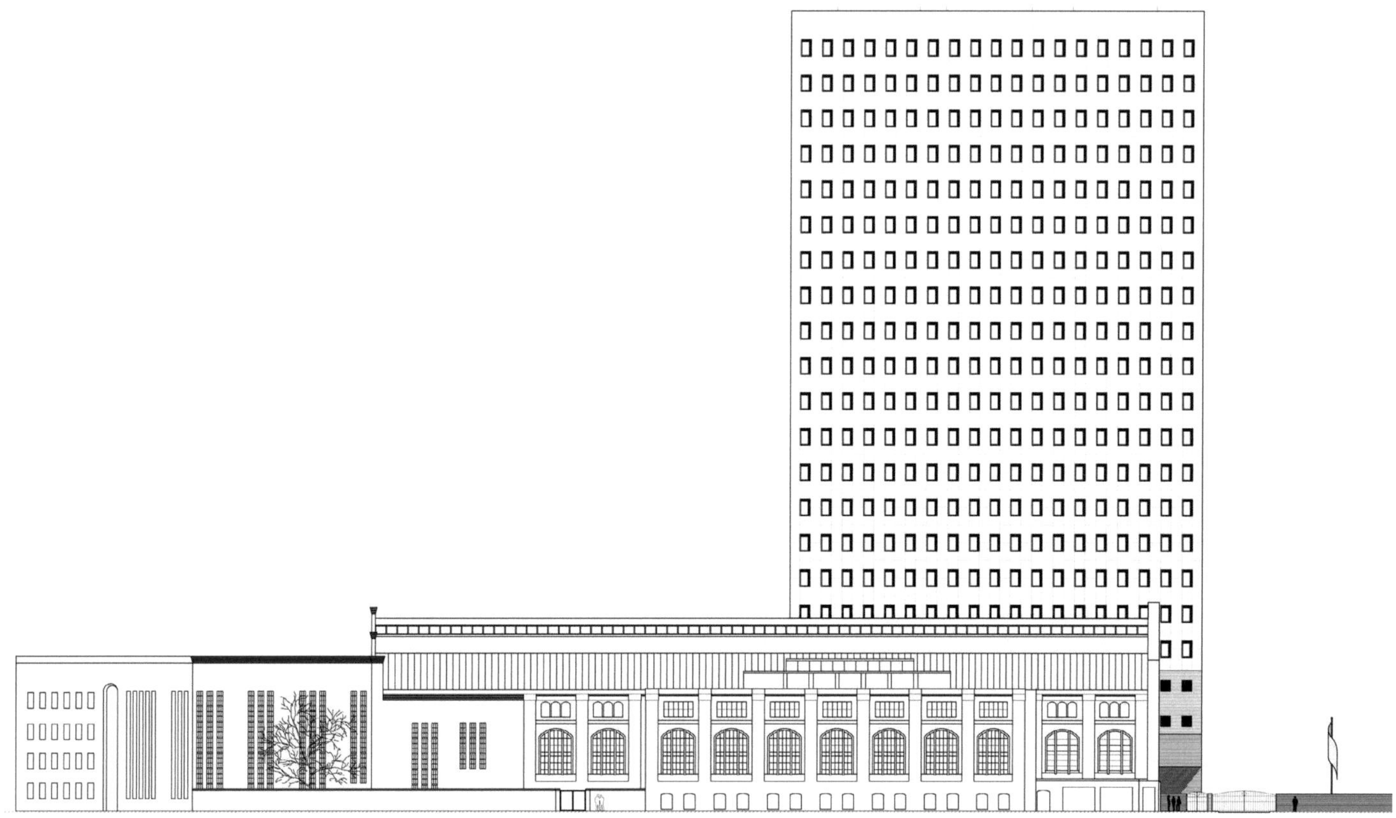

Fassade Osten East façade

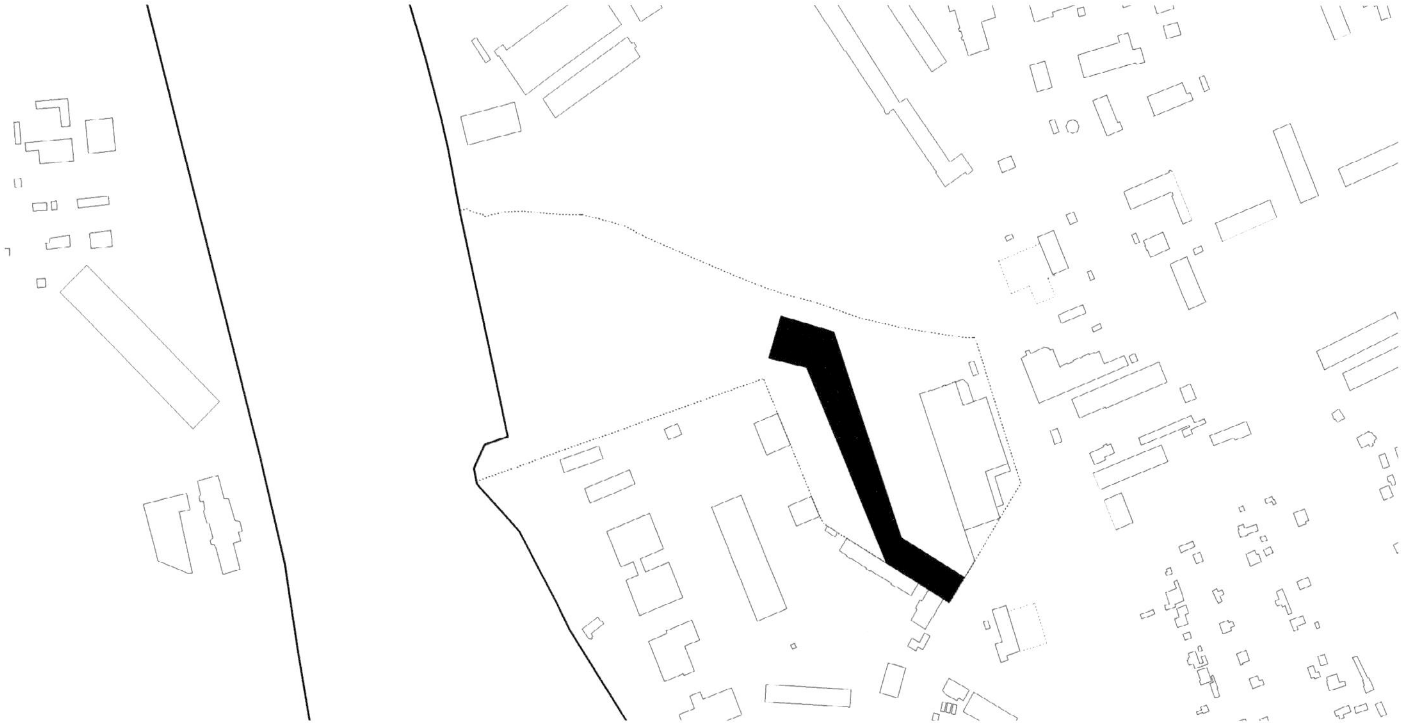

Lageplan Site plan

Bewag Verwaltungs- und Rechenzentrum

Sven Oliver Kahl
Technische Universität Kaiserslautern
Prof. Helmut Kleine-Kraneburg

Der Entwurf kombiniert eine Sport- und Fitnessanlage in den Bestandsgebäuden mit einem Neubau für einen Verwaltungssitz der Bewag. Über einem Sockelgeschoss erhebt sich der viergeschossige Bürobau, dessen Lochfassade im Kontrast zu den umgebenden roten Ziegelbauten mit schwarzen Glasfliesen bekleidet ist. Der langgestreckte skulpturale Körper nimmt seinen Ausgangspunkt hinter der Fassade des ehemaligen Werkstattgebäudes und wird mit zwei Verknickungen bis über die Einschnürung des Grundstückes hinausgeführt. Aus den Räumlichkeiten im Kopfteil streicht der Blick über eine parkartig gestaltete Grünanlage und die Spree. Hier sind Konferenz- und Schulungsräume, die Geschäftsführungsetage und ein Casino untergebracht. In den anderen Teilen des Gebäudes befinden sich ein Rechenzentrum und Büroräume, die entweder in klassischer Zellenstruktur oder als Gruppen- und Kombizone angelegt sind. Zwischen den Gebäudeteilen vermittelt ein als Atrium über alle Obergeschosse ausgebildetes Foyer.

The design combines a sports and gym facility in the original buildings with a new building for the Bewag administration. The four-storey office building rises above a pedestal storey whose perforated façade is clad in black glass tiles, which contrast with the surrounding red brick buildings. The stretched sculptured body, originating behind the façade of the former workshop building, leads over the borders of the site after having sharply bent twice. The park-like green areas and the River Spree sweep into view from within the head section of the building. This accommodates conference and training rooms, the management floor and a casino. A computer centre and office spaces in classical cell structure or in group and combo zones, are located in the other parts of the building. A foyer which communicates between all of the spaces is articulated by an atrium over the top floors of the various parts of the building.

Foyer Foyer

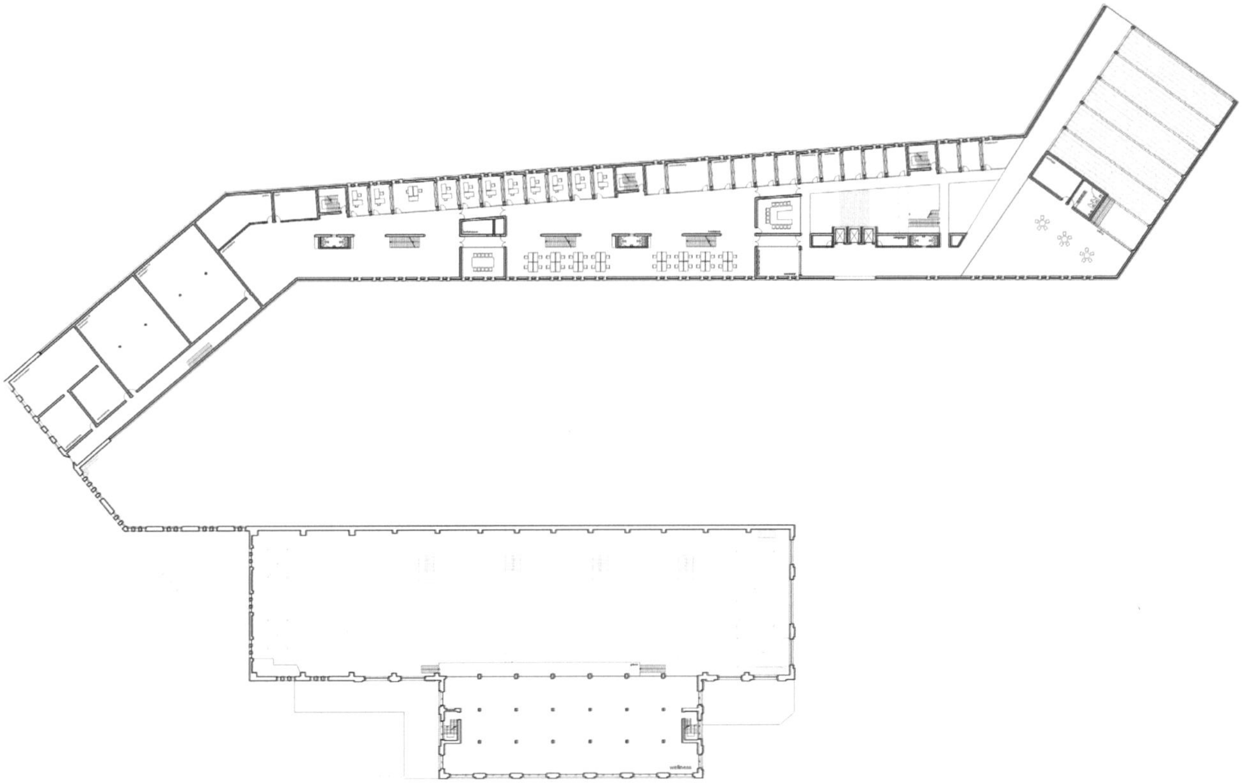

Grundriss, Ebene 1 Ground plan, level 1

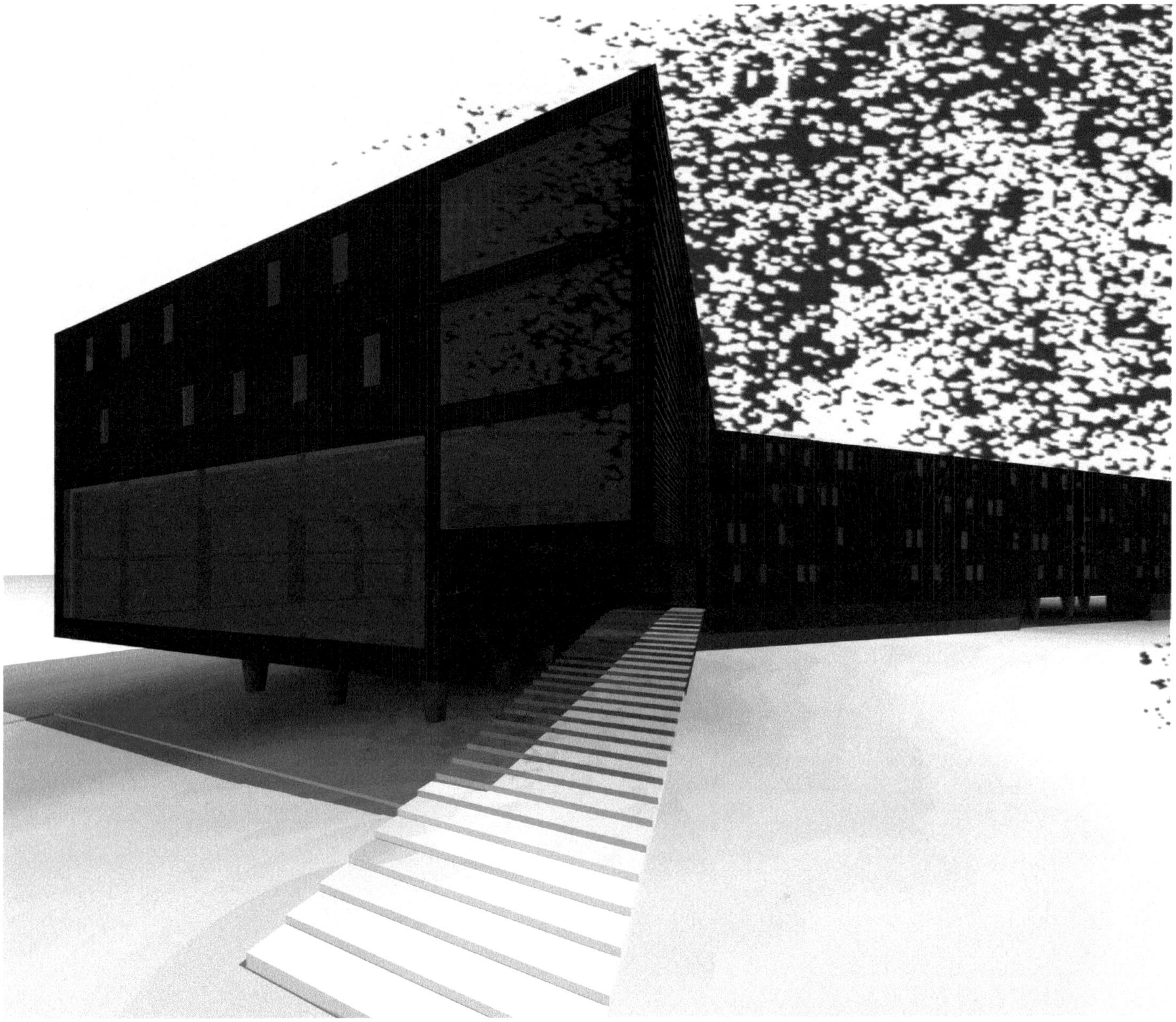

Neubau von Nord-Westen New building from the north west

Ansicht von Norden Elevation from the north

Schaulager für Gebrauchsgegenstände

72

Jochen Schmelz
Fachhochschule Stuttgart
Prof. Ursula Steinhilber

Das Schaulager sammelt, erforscht und präsentiert Gebrauchsgegenstände und ist eine einzigartige Bildungs- und Forschungseinrichtung für Produktdesign vom Beginn der Industrialisierung bis zur Gegenwart. Neben der Archivierung historischer Gebrauchsgegenstände, die in den Bestandsgebäuden erfolgt, ist eine Produktions- und Entwicklungsabteilung in einem angebundenen Neubau integriert, bei dem sich über einem gemeinsamen Kellergeschoss kubische Baukörper mit wenigen funktionsorientierten Öffnungen reihen, die Studios, Werkstätten und Ateliers aufnehmen. Architektonisches Ordnungsprinzip ist ein orthogonales Raster, das die Kubaturen der Solitärbauten bestimmt, die wie ein Barcode erscheinen und damit den hier erfolgenden Arbeitsprozess abbilden.
Der öffentliche Charakter der Anlage wird durch einen weiträumigen Park zur Spree unterstrichen, hier trägt ein Aussichtsturm zur Markierung des Areals im Stadtraum bei.

The show store collects, researches and presents everyday commodities. It is a unique education and research centre for product design from the beginning of industrialisation until the present day. Apart from archiving historical everyday commodities in the operation building, a production and development department is located in the new connected buildings. The cubic buildings, with a common basement floor, have a few rows of functional openings and accommodate studios and workshops. The architecture is based on an orthogonal grid, which determines the shapes of the solitary buildings, resulting in their bar code-like structure and imitating the operating processes carried out there.
A generous park towards the River Spree emphasises the complex's public character. The lookout tower will become a landmark in the urban fabric.

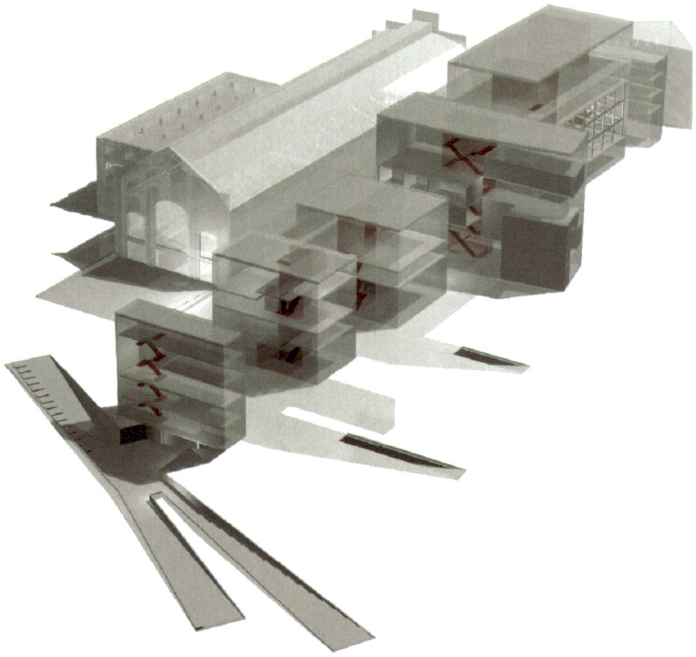

Zugänge ins Tiefgeschoss Access to the cellar floor

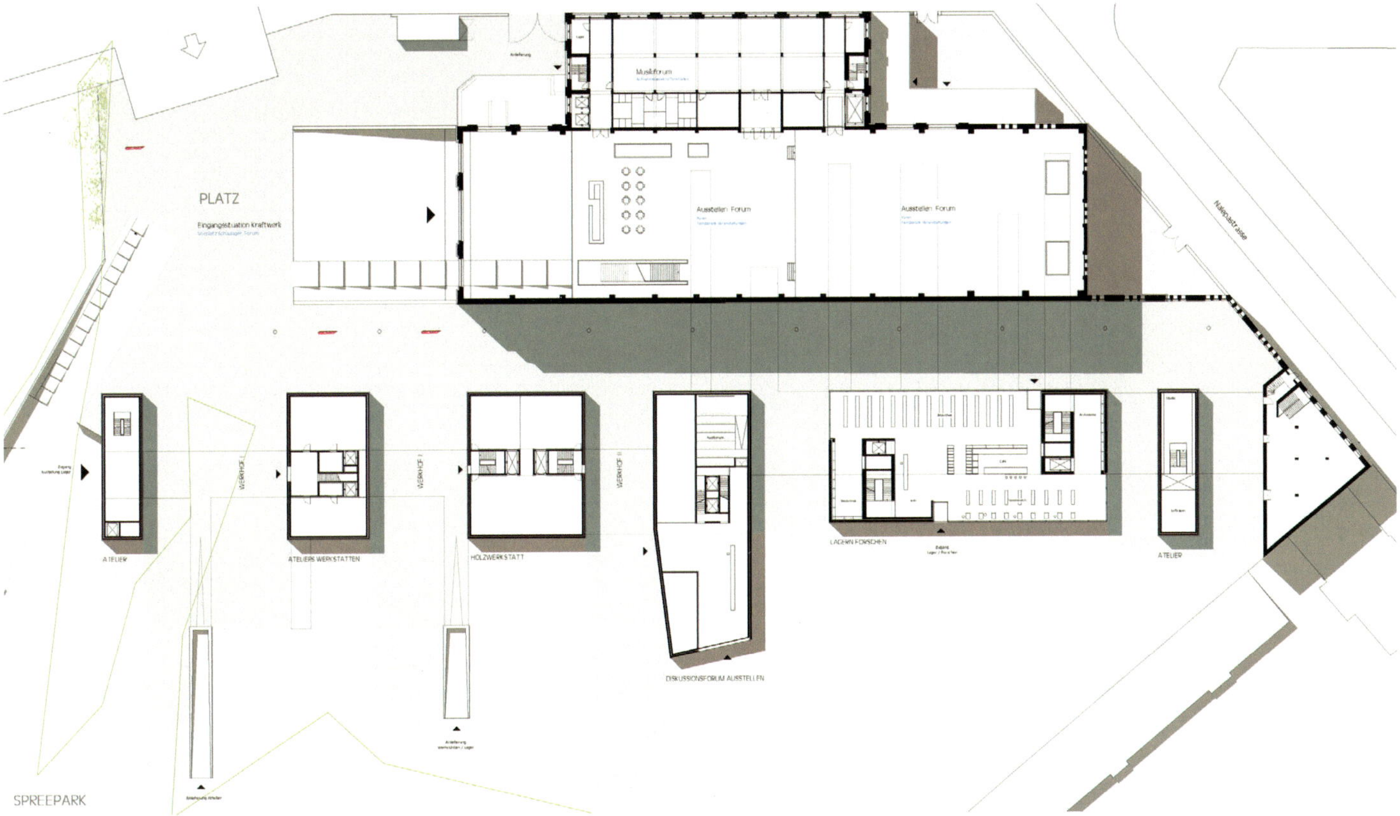

Grundriss, Ebene 1 Ground plan, level 1

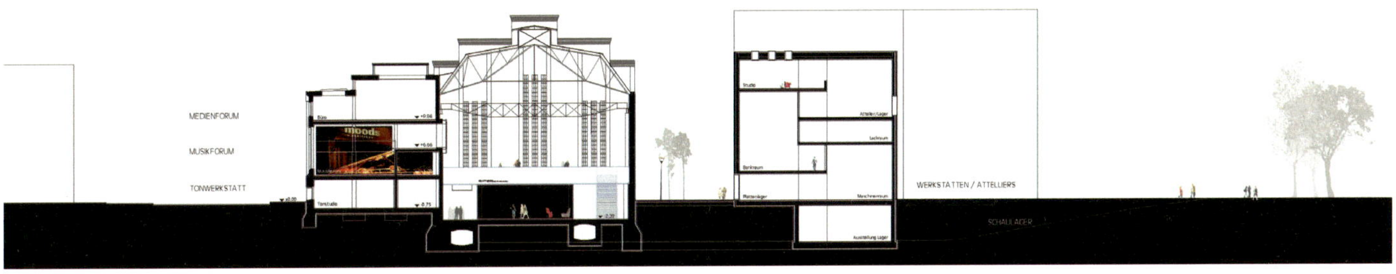

Querschnitt Cross section

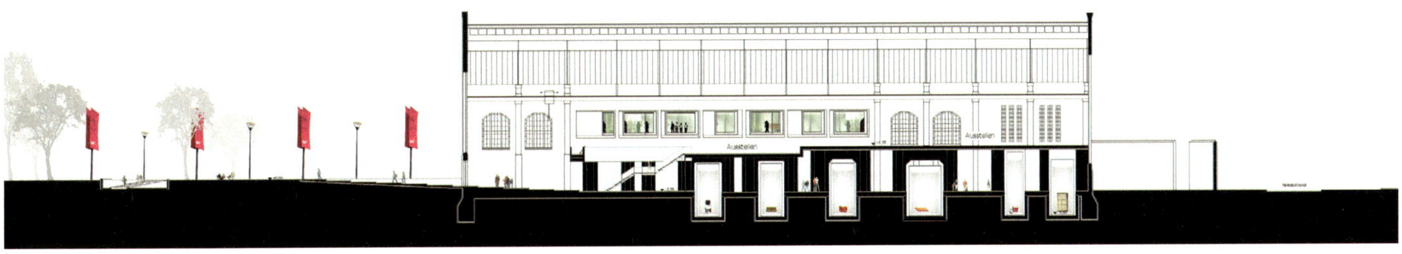
Längsschnitt Longitudinal section

Längsschnitt durch das Tiefgeschoss und die Neubauten Longitudinal section through the cellar floor and new buildings

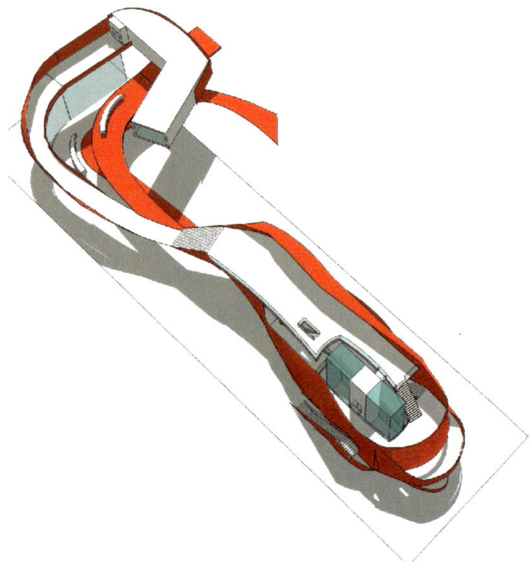

Einbauten in die Maschinenhalle Fittings in the machine hall

Blick zum Südgiebel View towards the south gable

Zeha Berlin

74

Rainer Häupl
Adrian Suchetzky
Universität Stuttgart
Dr. Ekkehart Bertram

Zeha ist eine junge Berliner Marke, die aus der ältesten Sportschuhmanufaktur Deutschlands hervorgegangen ist. Sie produziert Sportschuhe und sportive Streetware für die Füße. Für dieses Unternehmen wird mit einem *Flagshipstore* in der Maschinenhalle und dem Neubau einer Schaumanufaktur eine *Corporate Architecture* entwickelt, die durch Innen- und Außen-Sportflächen auf dem spreeseitigen Grundstücksteil ergänzt wird.
Als Bindeglied zwischen den Architekturteilen und Funktionseinheiten des Firmensitzes fungiert als dynamische Baustruktur ein rotes Band. Die durch diese Form gebildeten Räume bieten Erlebnisbereiche, Kommunikationszonen und immer wieder neue Ein- und Ausblicke. Das Band ist Lauffläche, Wand und Decke zugleich und dient als Träger aller Medien wie Graphik oder Multimedia.

Zeha is an emerging Berlin label, emanating from one Germany's oldest footwear manufacturers. It produces sports footwear and sporty street footwear. A corporate architecture will be developed for this company with a flagship store in the machine hall and a show production space in a new building, which will be extended by both indoor and outdoor sporting areas on the river side of the site.
A red band building structure acts as a dynamic connecting element between the architectural and functional parts of the company headquarters. The spaces formed by this shape provide adventure areas, communication zones and repeatedly offer diverse views to the outside and inside. The band is simultaneously a running track, wall and ceiling and bears all media such as graphics and multimedia.

Ebene 1 Level 1

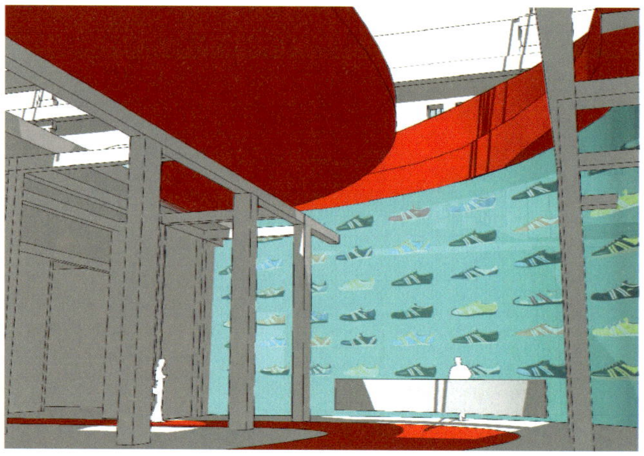

Ebene 0 Level 0

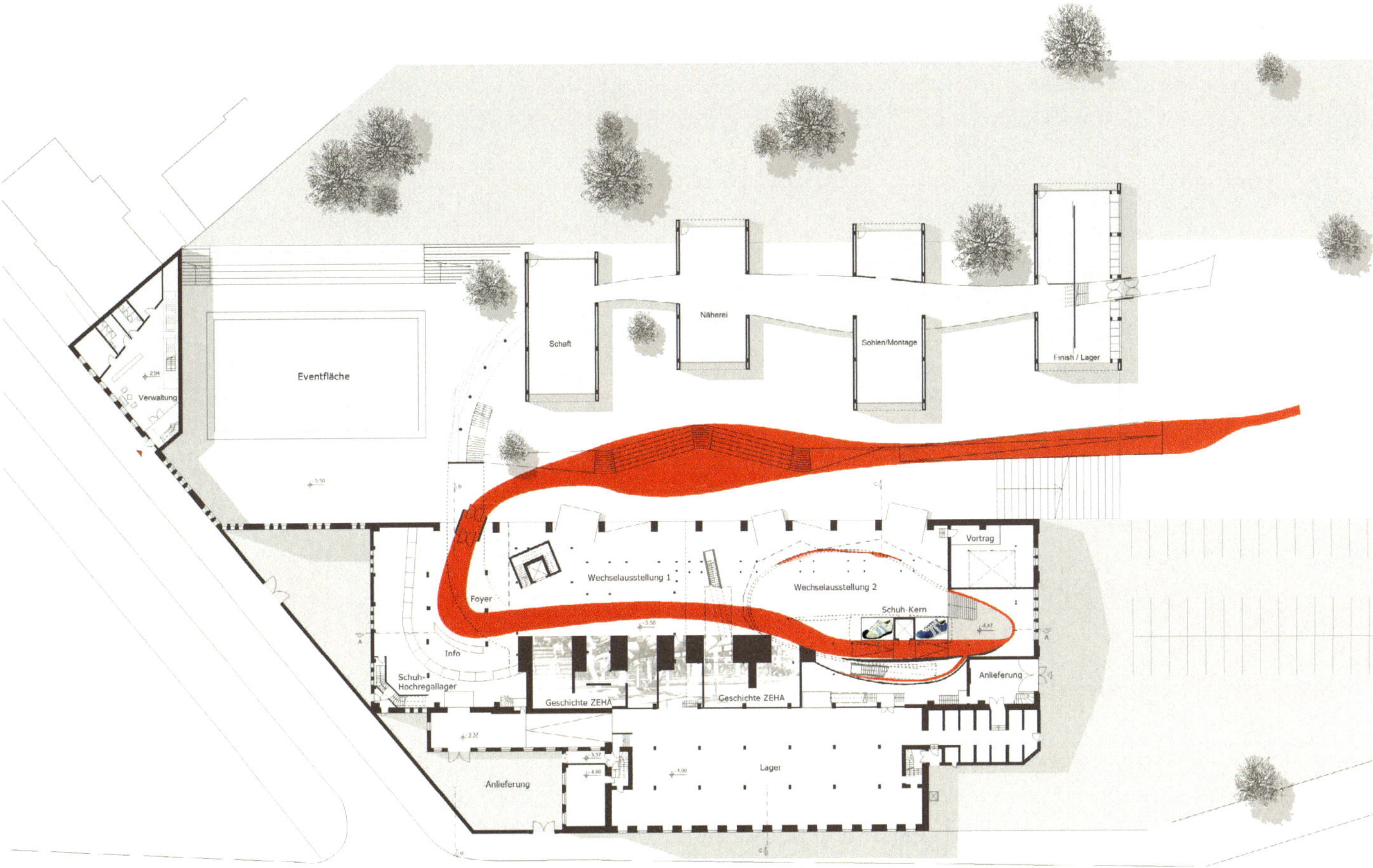

Grundriss, Ebene 0 Ground plan, level 0

Längsschnitt Longitudinal section

Querschnitt Cross section

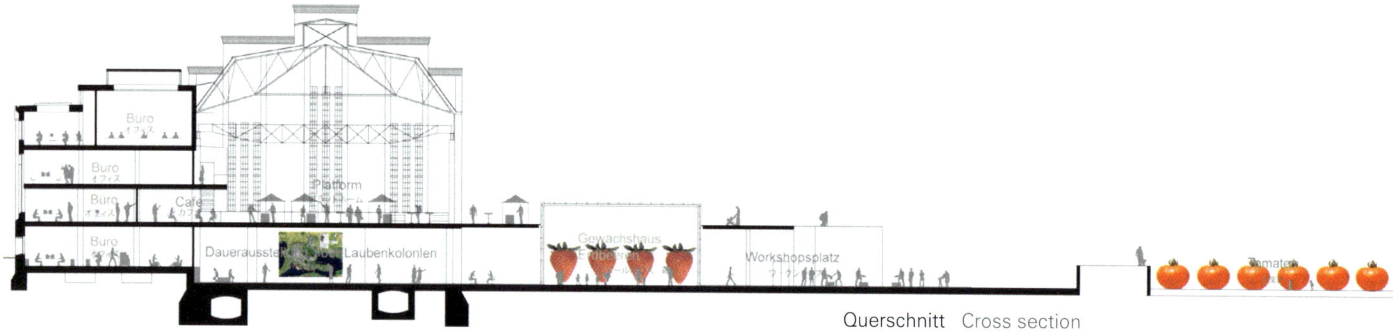

Querschnitt Cross section

Kleingarten

Tatsuro Miki
Fachhochschule Stuttgart
Prof. Ursula Steinhilber

Kleingärten haben in Berlin eine lange Tradition, die in diesem Konzept aufgegriffen und belebt werden soll. Auf dem Kraftwerksareal entstehen ein Kleingarten-Kulturzentrum mit Markthalle und ein öffentlicher Botanischer Garten. Die historischen Gebäude werden in einen Sockelbau eingebunden, der sich wie ein Plateau auch über der Grundfläche des abgetragenen Kesselhauses entwickelt. Das Plateau fungiert als städtischer Platz und steht in direkter Beziehung zum Maschinenhaus, das zu einer Markt- und Veranstaltungshalle umgebaut ist. Der Sockelbau ist in einzelne Raumzonen gegliedert, die durch das beinahe zufällige Herausnehmen einzelner Teile des Podiums entstehen und Platz bieten für das Kleingarten-Kulturzentrum: eine kulturhistorische Ausstellung zur Kleingarten-Geschichte, Seminarräume, gastronomische Angebote, ein Auditorium und eingeschnittene Gartenhöfe mit Themengärten.

This concept acts on the long tradition, which allotment gardens enjoy in Berlin, and strives to breathe new life into them. An allotment garden cultural centre with a market hall and a public botanical garden are planned for the power station site. The historical buildings are bound by a pedestal building, which becomes a plateau over the floor space of the dismantled boiler house. The plateau acts as an urban plaza and is directly related to the machine house which has been converted into a market and event hall. The pedestal building is subdivided into individual spatial zones which emerge after the almost random removal of parts of the podium and provide space for the allotment garden cultural centre – a cultural historical exhibition on the history of the allotment garden, seminar rooms, gastronomy, an auditorium and carved out garden courtyards with theme gardens.

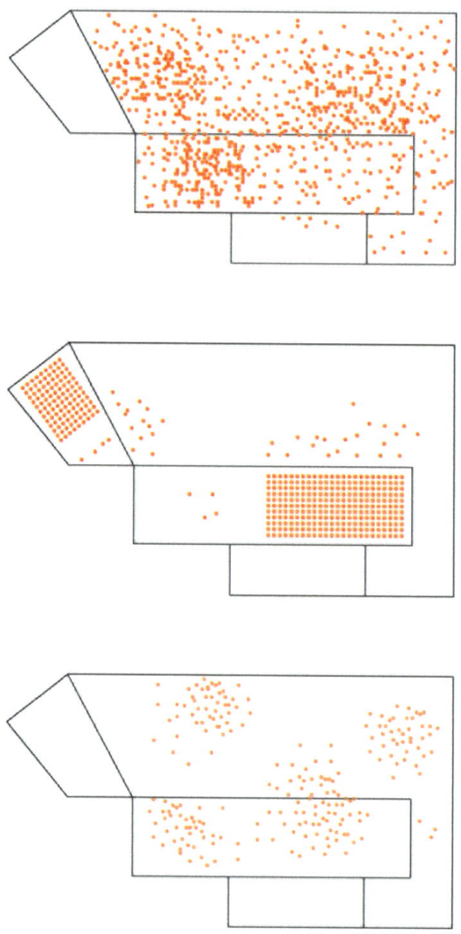

Nutzungsschemata Patterns of use

Lageplan Site plan

Modell Model

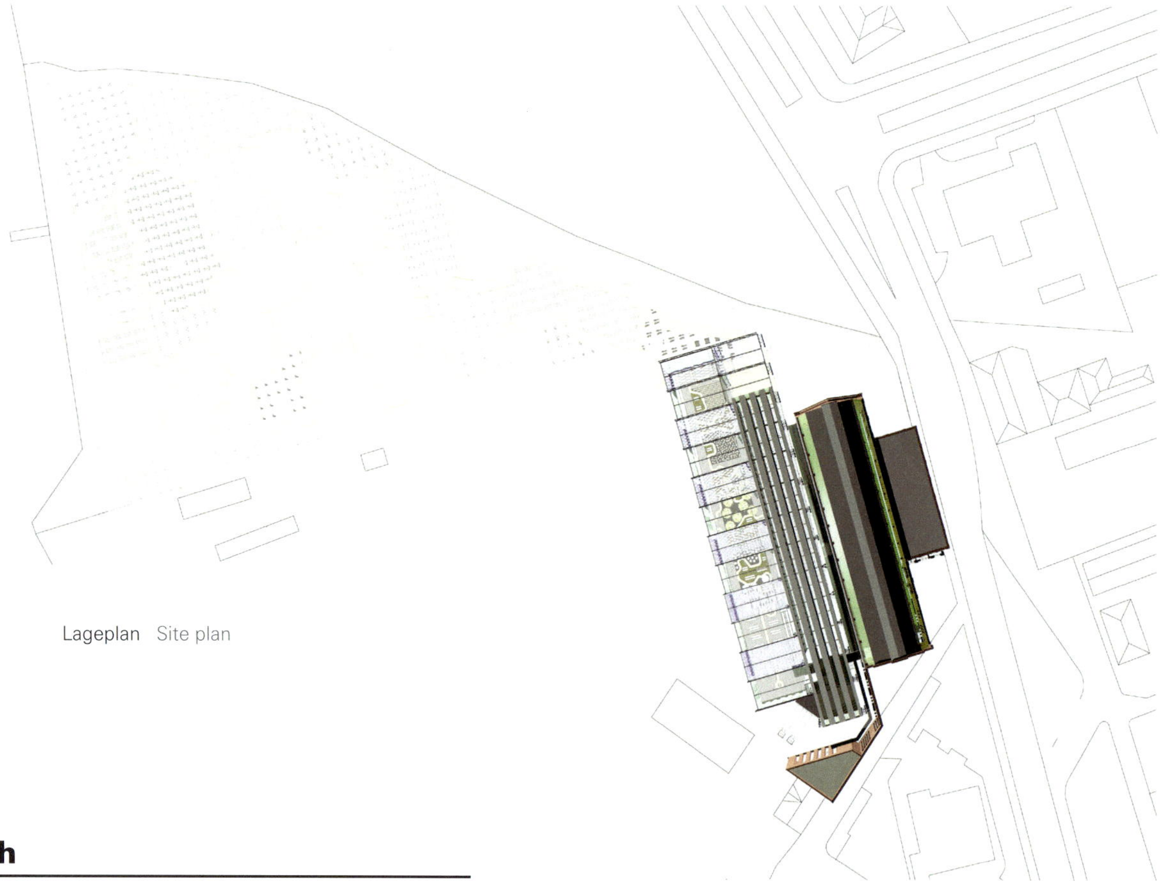

Lageplan Site plan

Superdatsch

78 **Fedor Sukatus**

Universität der Künste Berlin
Prof. Benedict Tonon

Der Kleingärtner ist eine nicht zu unterschätzende Größenordnung: Fast 80.000 Kleingartenparzellen sind innerhalb der Berliner Stadtgrenzen zu finden. *Superdatsch* ist auf einer Gartencenter- und Baumarktbasis der Maßanzug für den Gartenfreund. Die Anlage bietet Präsentationsgärten, Gartencenter, Baumarkt und Veranstaltungsort und ist Sitz des Dachverbandes der Berliner Kleingärtner e.V.
Das integrierte Garten- und Baumarktprogramm greift zielgerichtet die Bedürfnisse des Kleingärtners auf und transportiert dies in gewohntem Muster. Auf der Freifläche, die Präsentationsfläche, Erholungsgelände und Konsumfläche in einem ist, besteht für den Kleingärtner absolute Authentizität. *Superdatsch* dient als Inspirationsquelle und Informationspool. Alle Produkte sind in ihrem Einsatzbereich mit allen Sinnen erfahrbar und werden zeitgemäß mit einem Leihscanner in den virtuellen Warenkorb gelegt.

Ansicht von Norden North elevation

There are almost 80,000 allotment gardens within Berlin's city boundaries, a figure that is often totally underestimated. *Superdatsch* is the gardener's tailor-made suit as far as garden and building centres are concerned. The complex includes a presentation garden, garden centre, building centre and event location and is also the seat of the governing body of Berliner Kleingärtner e.V. (Berlin Allotment Gardeners Association).
This integrated gardening and building market targets the needs of the allotment gardener and places them in a familiar setting. Absolute authenticity is provided to the allotment gardener on the open space, which is presentation space, leisure area, and consumption space in one. *Superdatsch* is source of inspiration and a pool of information. All products may be experienced in their original context and may be purchased using a state of the art scanning system to place the goods in a virtual basket.

Ansicht von Süden South elevation

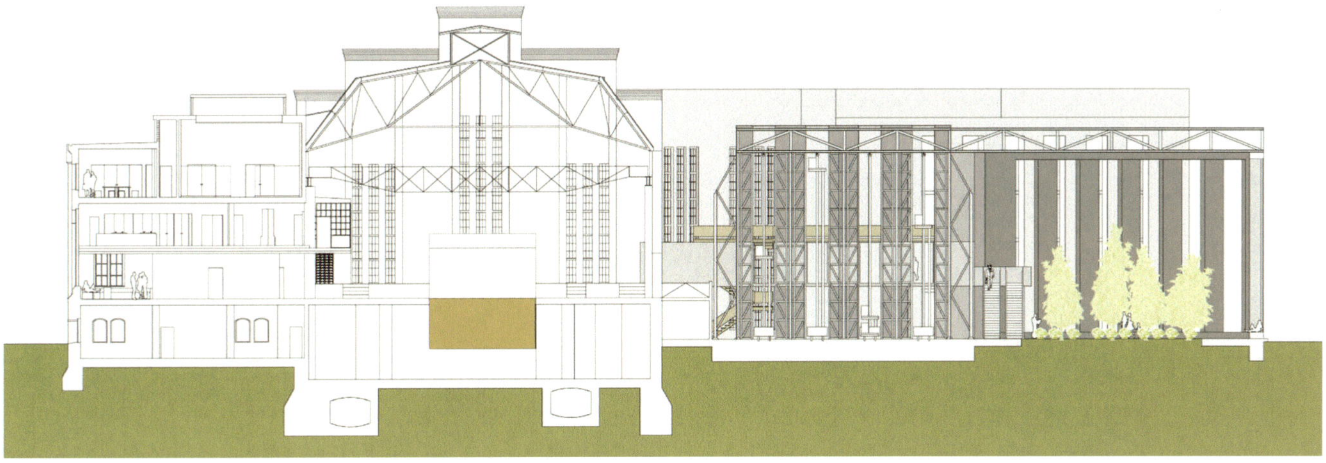

Querschnitt Cross section

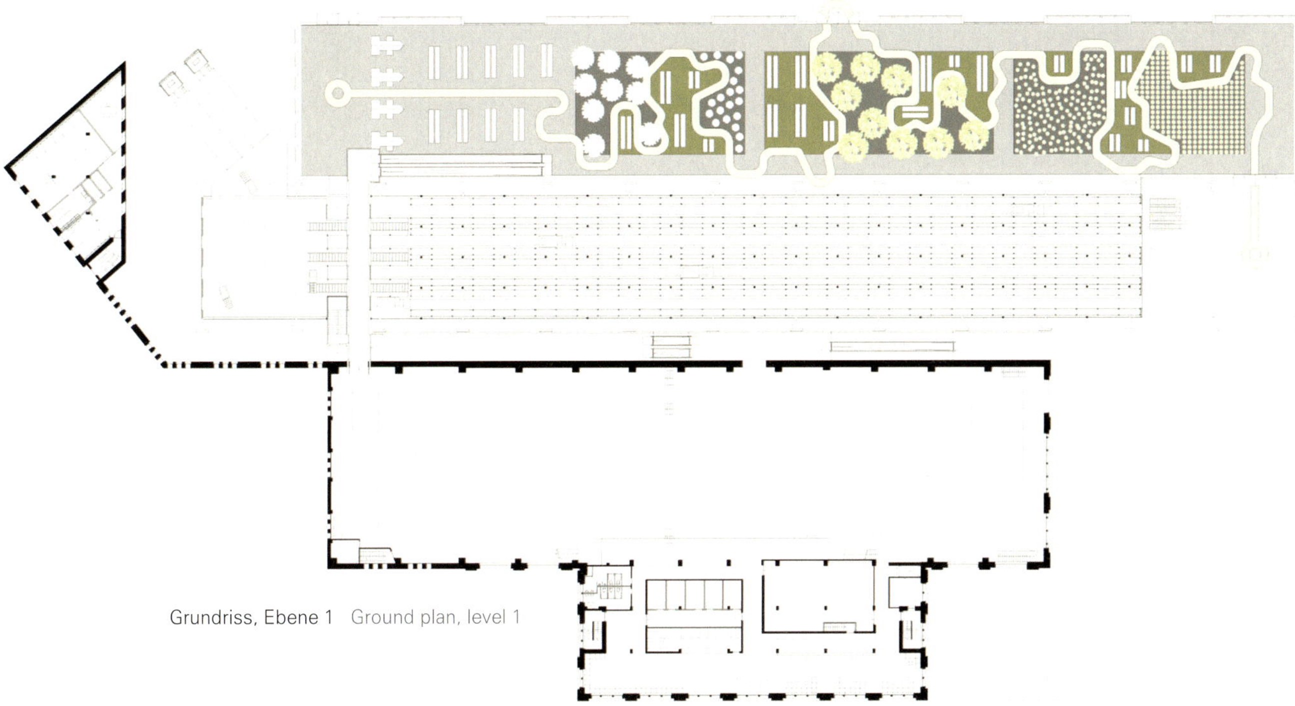

Grundriss, Ebene 1 Ground plan, level 1

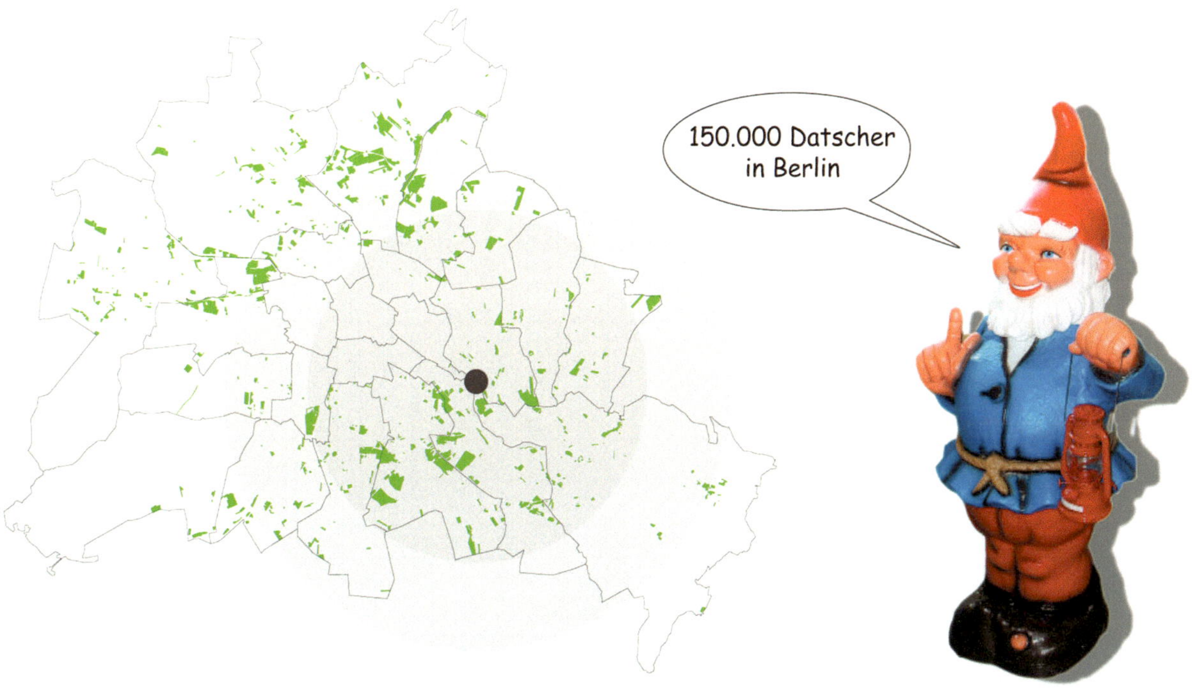

Standort Kraftwerk und Lageplan der Berliner Kleingartensiedlungen Location of power station and siteplan of Berlin allotment garden settlement

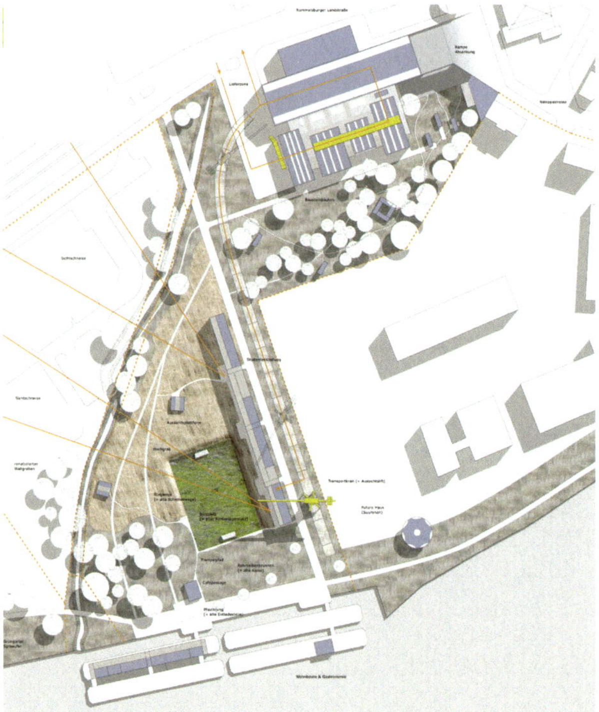

Lageplan Site plan

BauSteinBau

Matthias Titze
Coco Wolf-Gediehn
Technische Universität Berlin
Prof. Klaus Zillich

Mit einem Pilotprojekt, das ausgebaut werden kann, wird das Gelände vor weiterem Verfall bewahrt und seine Attraktivität erhöht. Zugleich wird es möglich, mittelfristig auf die Entwicklung der Umgebung zu reagieren.
BauSteinBau versucht die Potenziale des Ortes in seiner Umgebung zu nutzen. Dazu wird ein modulares System entwickelt, das temporär und adaptiv einsatzfähig ist. Es funktioniert im Zusammenwirken einzelner räumlicher und landschaftlicher Interventionen. In der großen Halle wird die individuelle Produktion von Containerbauten betrieben, das angrenzende Betriebsgebäude mit Verkaufs- und Ausstellungsflächen neu geordnet. Als Produktionsstätte erfährt der ehemalige Kraftwerksbau neue energetische Aufladung.
Der Ort bezieht seinen Charme aus der Schnittmenge von verwilderter Natur und Industrie. Geringe landschaftsplanerische Eingriffe und eingestreute Containerinseln veredeln diesen Urzustand.

This pilot project will save the site from further decay and make it more attractive for development. It will also facilitate short-term reaction to current developments in the surrounding area.
BuildingBlockBuilding attempts to make the most of the site and its location by developing a temporary and adaptive modular system, which works in collaboration with individual spatial and landscape elements. The hall will be used for the individual production of containers and the neighbouring operation building will be rearranged to accommodate sales and exhibition space. The former power station will be charged with new energy in its function as a production site. The combining of nature and industry will give the location its own special charm, which will be refined by minimal landscape interventions and interspersed container islands.

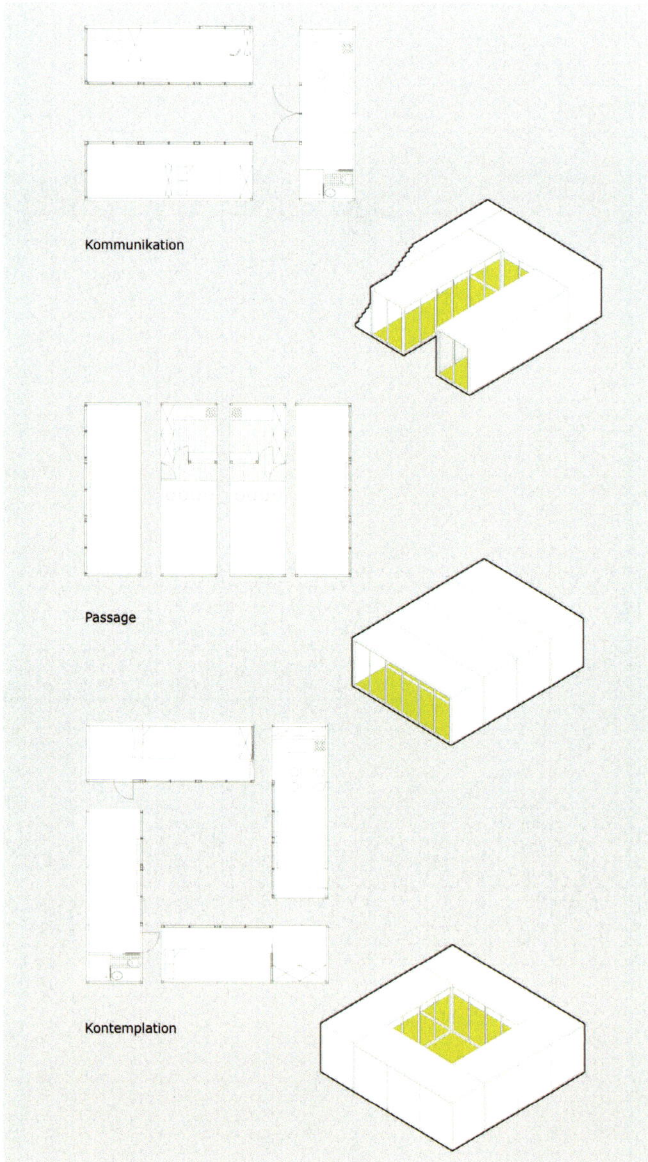

Container-Wohnmodule Residential container modules

Eingang von Süden South entrance

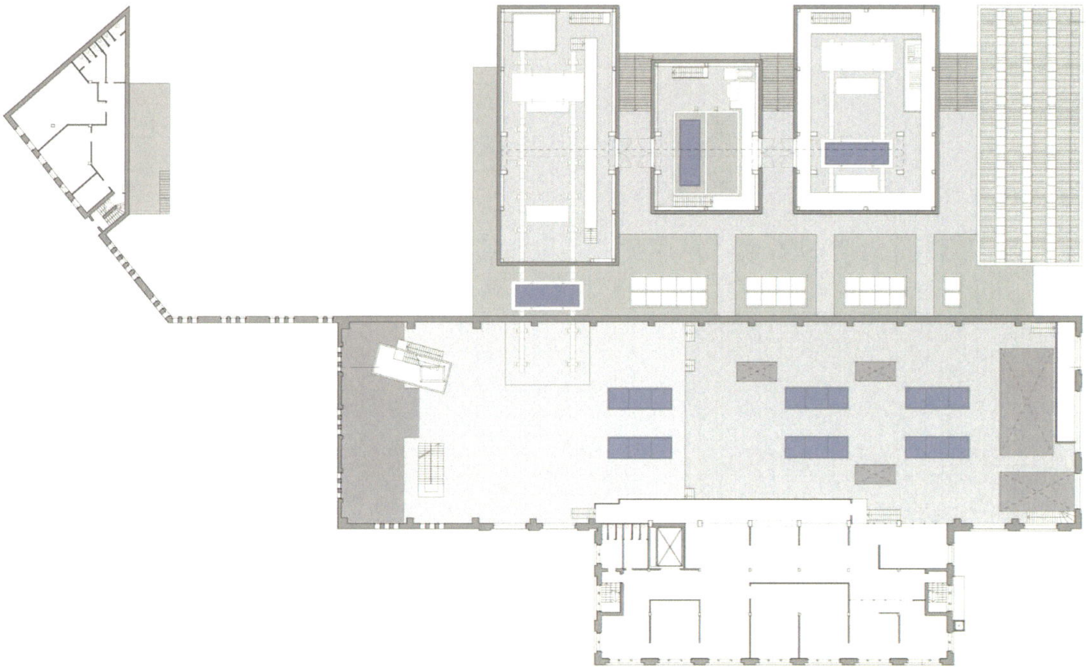

Grundriss, Ebene 1 Ground plan, level 1

Container-Fertigung in der Maschinenhalle Container production in the machine hall

Funktionsverteilung Distribution of functions

+42° Schokofabrik

Verena Grips
Susan Krause
Technische Universität Darmstadt
Prof. Karl-Heinz Petzinka

Das ehemalige Kraftwerk ist ein ideales Repräsentationsforum und bietet das richtige Ambiente für ein neues Qualitätsprodukt – Schokolade. Die alte Maschinenhalle, das Herzstück der Firma, dient als Foyer der Schokoladenfabrik. Sie erschließt den größten Schokoladen-Shop Berlins im Fundamentkeller, die Liegewiesen- und Schokoladensee-Ebene im Erdgeschoss, die Administrations-Knusperhäuschen mit Schokoladenpflanzengarten im ehemaligen Betriebsgebäude und die neue Produktionshalle anstelle des alten Kesselhauses. Der „Kraftstoff" Schokolade wird auf der langsam fahrenden Café-Ebene, die auf den historischen Kranbahnen aufliegt, ausgeschenkt. Die Fabrikation kann auf einer Besucherebene von der rohen Schokobohne bis zur fertig verzierten Praline oder originell verpackten Schokoladentafel mitverfolgt werden.

The former power station is an ideal representative forum and offers the perfect ambience for a new quality product – chocolate. The old machine hall, at the heart of the company, will become the chocolate factory's foyer. It will connect Berlin's biggest chocolate shop – in the basement – with the lawn and chocolate lake level on the ground floor, with the administration-nibble house and cocoa plant garden in the former operation building and with the new production halls in place of the old boiler house. The „fuel" chocolate will be served on the slowly moving café level, which is hung on the historical crane tracks. Production, from the unprocessed cocoa bean to the completed, decorated praline or an originally packaged bar of chocolate, can be observed on the visitor level.

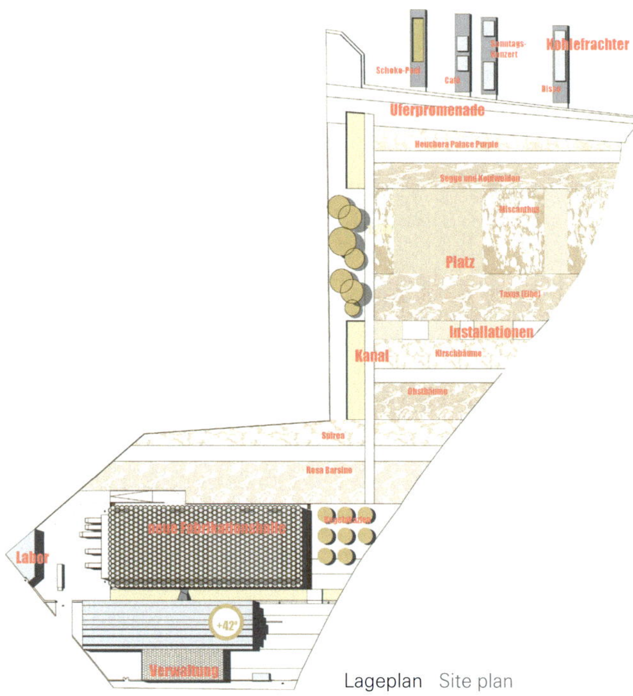

Lageplan Site plan

Produkt Product

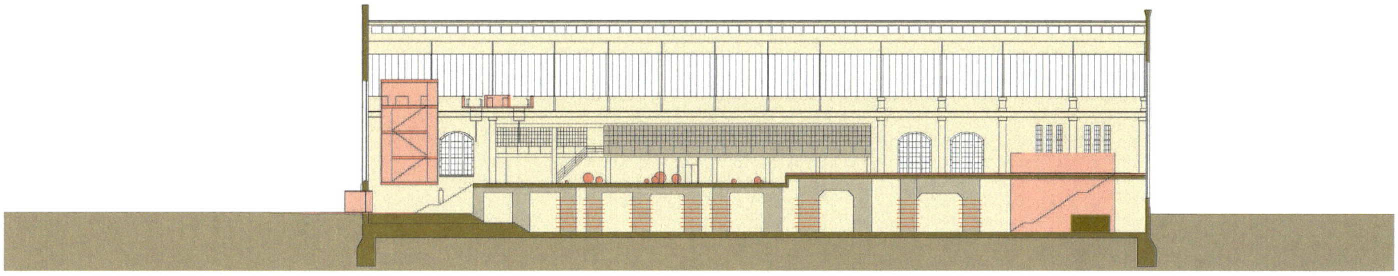

Längsschnitt Longitudinal section

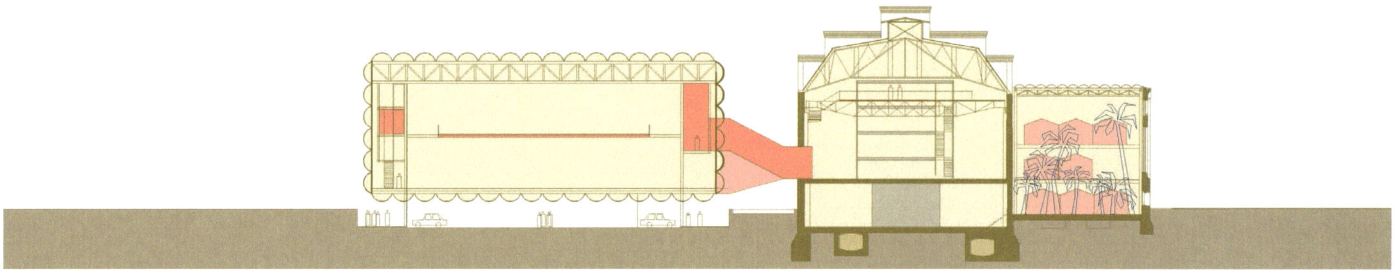

Querschnitt Cross section

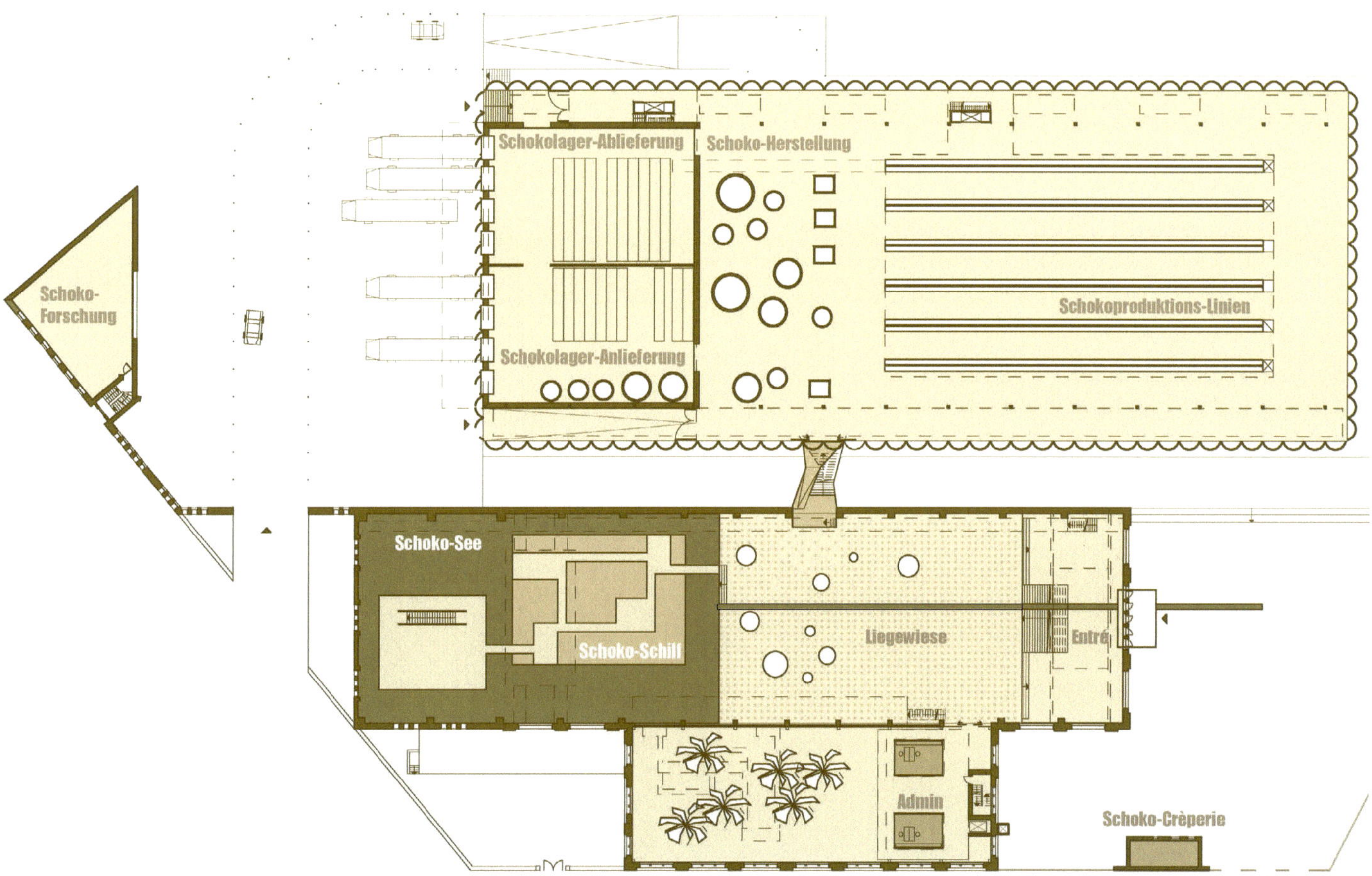

Grundriss, Ebene 1 Ground plan, level 1

Ansicht von der Spree Elevation from the River Spree

Konzept HaBoBay

Christin Döhring
Jan Filip
Alexander Metzner
Technische Universität Berlin

Die Strategie für die Wiederbelebung des ehemaligen Kraftwerksgeländes ist die Symbiose von Wasser und Land, von alter und neuer Bausubstanz. Funktional verknüpfen sich Innovation, Produktion, Präsentation und Service rund um das Thema Hausboot. Das Industriedenkmal wird dabei zum *Input*, zum Innovations- und Entwicklungszentrum für Hausboote und deren Technologie. Hier werden Ideen entwickelt und getestet, nach außen präsentiert und vermarktet. Weiterführend von dem Gebäude strecken sich gläserne *Gebäudefinger* in die Spree hinaus. Sie nehmen als *Output* die Produktion von Booten, sowie Service- und Dienstleistungsfunktionen auf und bieten Übernachtungsplätze an. Durch ihre Fächerform führen sie Grünraum und Wasser in die Tiefe des Grundstücks hinein. Der flankierende Park leitet in die geplante Uferpromenade über.

Our strategy for the revitalisation of the power station property is based on the symbiosis of water and land as well as old and new building fabric. Innovation, production, presentation and service culminate in the houseboat. The industrial monument will provide the *input* by becoming an innovation and development centre for houseboats and the technology needed for them. Ideas will be developed and tested there and presented and marketed to the outside world. Glass *fingers* of the building will stretch out into the River Spree. They will be the *output* which accommodate boat, as well as service functions and also contain spaces for an over night stay. Their fan shape carries water and green space into the heart of the site. The park surrounding the building leads over into the planned boardwalk.

Glasbauten Glass buildings

Maschinenhalle Machine hall

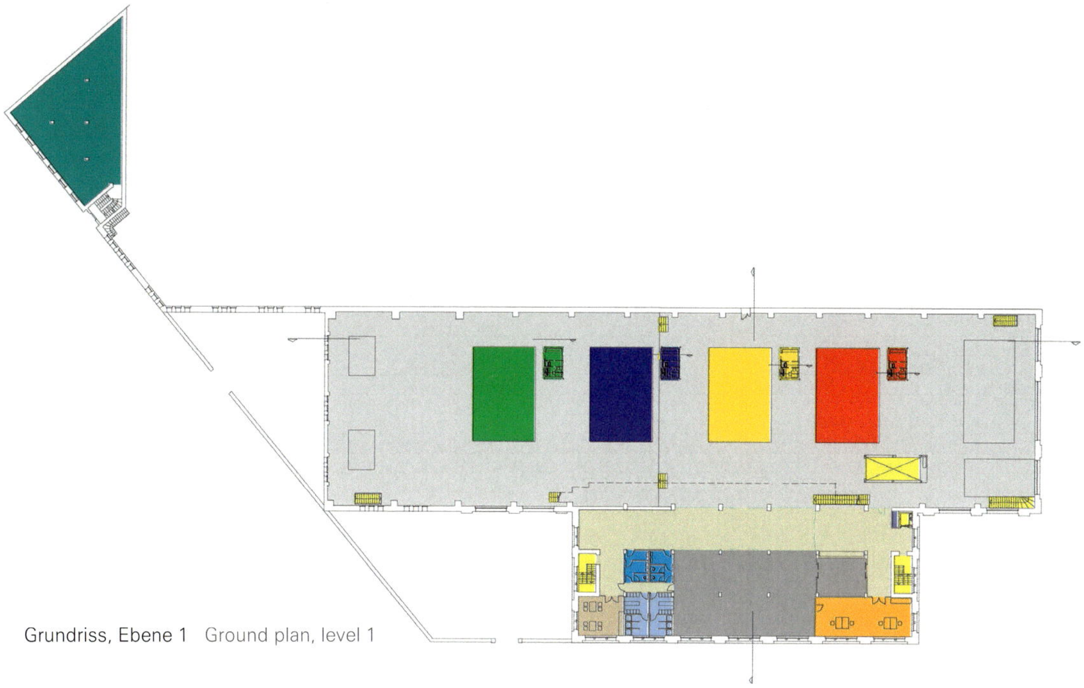

Grundriss, Ebene 1 Ground plan, level 1

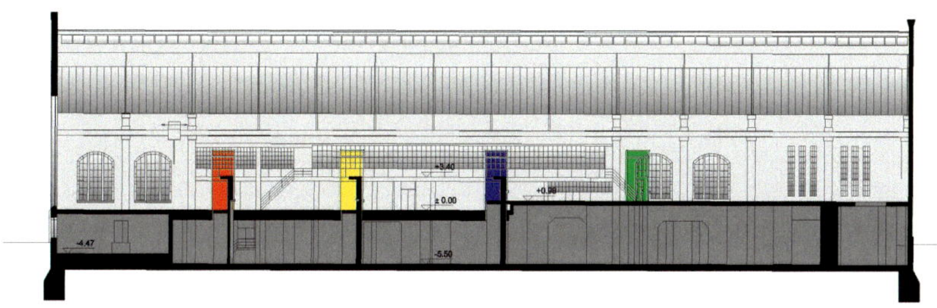

Längsschnitt Longitudinal section

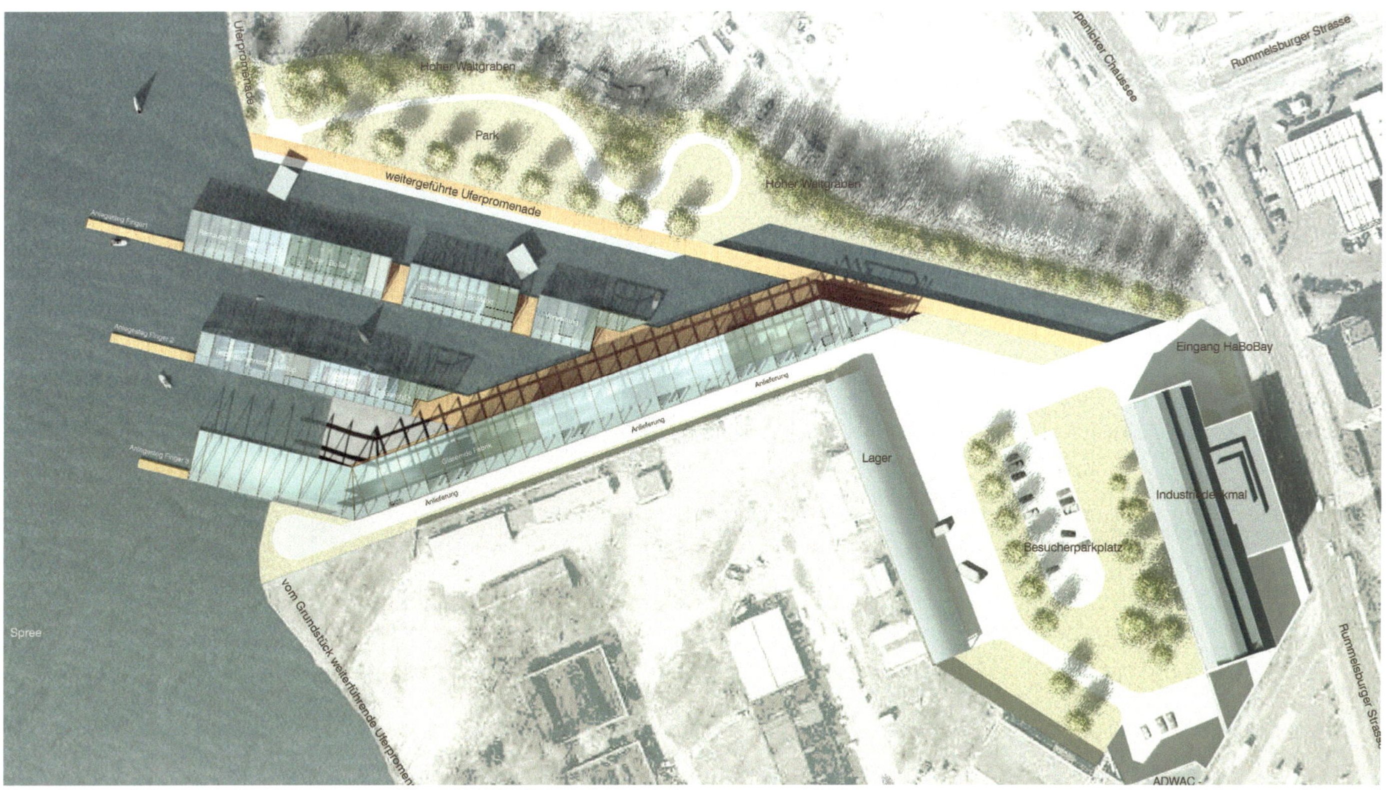

Lageplan Site plan

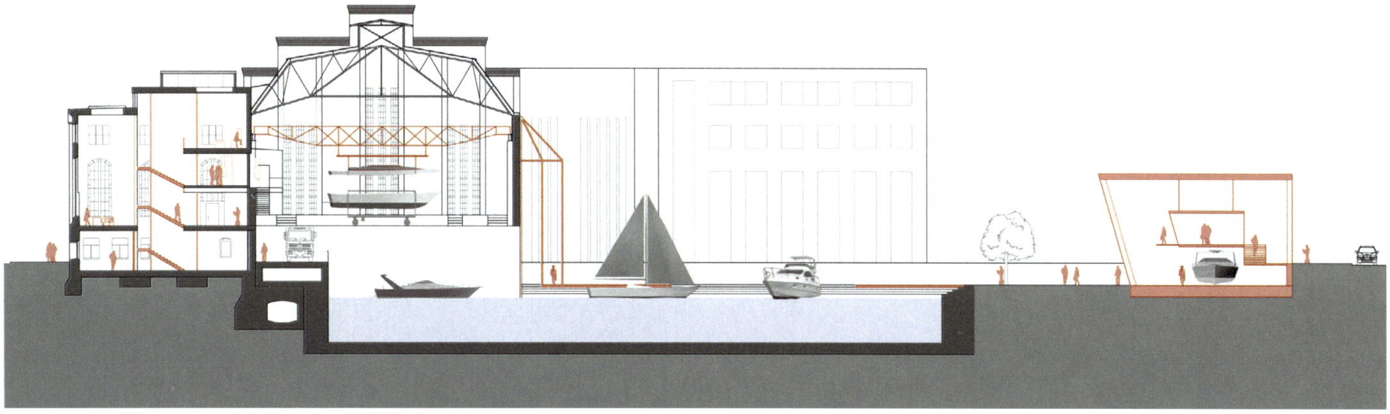

Querschnitt Cross section

Waterworld

Dennis Hohenstein
Markus Petzold
Thomas Raab
Technische Universität Darmstadt
Prof. Karl-Heinz Petzinka

Die Idee, das ehemalige Kraftwerk als Bootsproduktionsstätte zu reaktivieren, begründet sich in seiner Lagegunst am Wasser. Die Halle wird als Werft in ihrer Erscheinung als Großraum erhalten. Das ehemalige Betriebsgebäude ist Entwicklungsabteilung und dient der Vermarktung und dem Management.
Die enorme Distanz zwischen Kraftwerk und Wasser wird durch ein zentral gelegenes, mit der Spree verbundenes Hafenbecken überwunden. Hier befinden sich eine Marina mit öffentlichen Anlegeplätzen. Die Umnutzung des Werkstattgebäudes in einen kulinarischen Erlebnisort, der sich dem Leben rund um das Becken zuwendet, soll die Aufenthaltsqualität des industriell geprägten Ortes verbessern.
Zur Komplettierung des Angebots für Wassersportler und zur Belebung des Spreeufers wird eine Kombination von Segelverein, Segelschule und Restaurant sowie eine Promenade zum Entspannen und Flanieren als sinnvoll erachtet.

The idea to convert the power station into a boat manufactory came from its favourable waterside location. The new boat yard will make use of the hall in its present large state. The former operation building will be the development department and will be used for marketing and management.
The enormous distance between the power station and the water will be bridged by a centrally located basin, connecting to the River Spree which will be a marina with public mooring places. The conversion of the workshop building to a location of culinary excellence will orientate itself towards events around the basin and thus help improve the spatial quality of the industrial site.
A combination of sailing club, sailing school and restaurant as well as a boardwalk on which to relax or stroll will complete the spectrum on offer for water sportsmen and will liven up the banks of the River Spree.

Galerie im Betriebsgebäude Gallery in the operation building

Hafenbecken an der Maschinenhalle Port basin at the machine hall

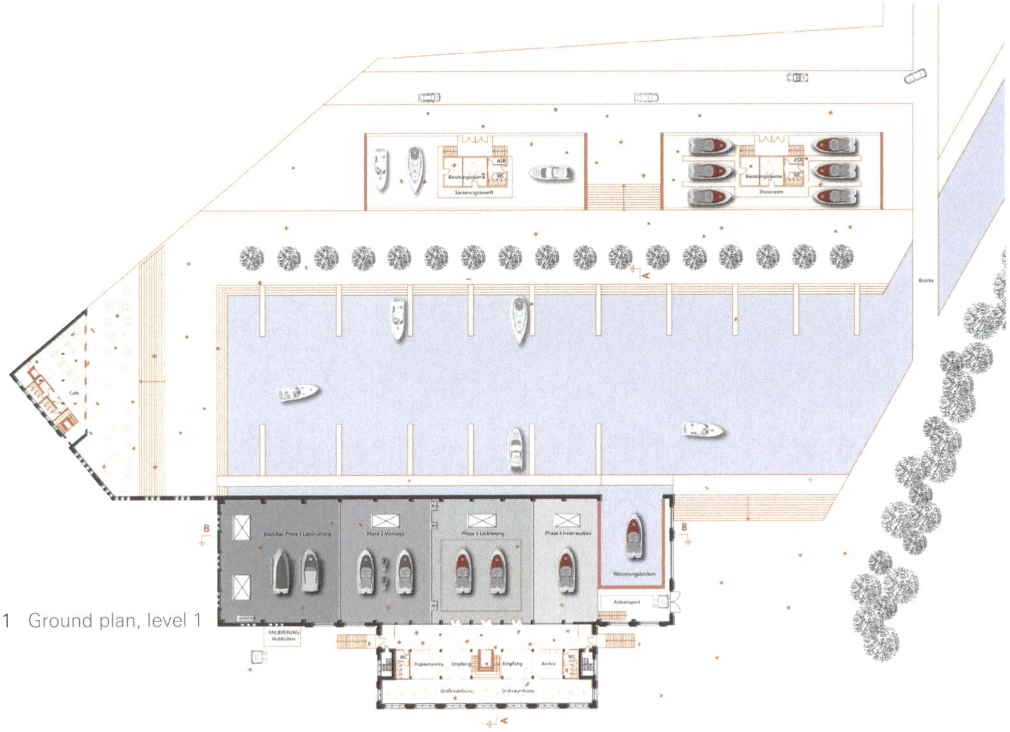

Grundriss, Ebene 1 Ground plan, level 1

Ausstellungsbauten am Hafen Exhibition buildings in the port

Impuls
Manuel Götzendörfer, Sandra Räder
Fachhochschule Würzburg-Schweinfurt
Prof. Dr. Janofske, Prof. Schirmer, Prof. Voitländer

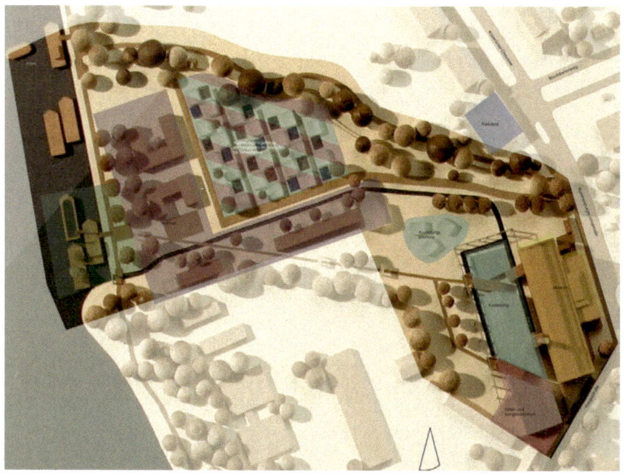

Wissenschaftsforum
Ingo Finke
Fachhochschule Kiel
Prof. Paul Gerhard Trost

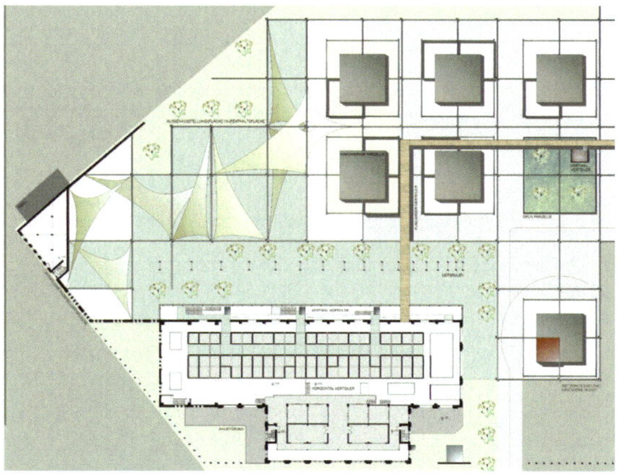

Gründerzentrum Dreibund
Christian Seibert, Tran Thanh-Vuong
Fachhochschule Koblenz
Prof. Ulf Decker

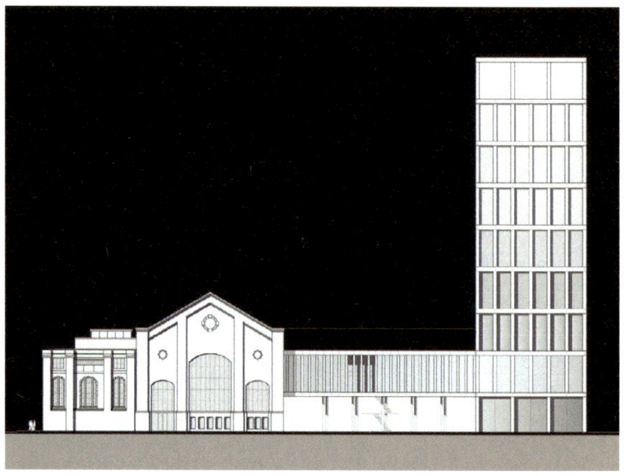

Verwaltungsstandort Rummelsburg
Gianni Arcangioli
Technische Universität Kaiserslautern
Prof. Helmut Kleine-Kraneburg

Kraftwerk Rummelsburg
Norbert Dirk Opolony
Technische Universität Kaiserslautern
Prof. Helmut Kleine-Kraneburg

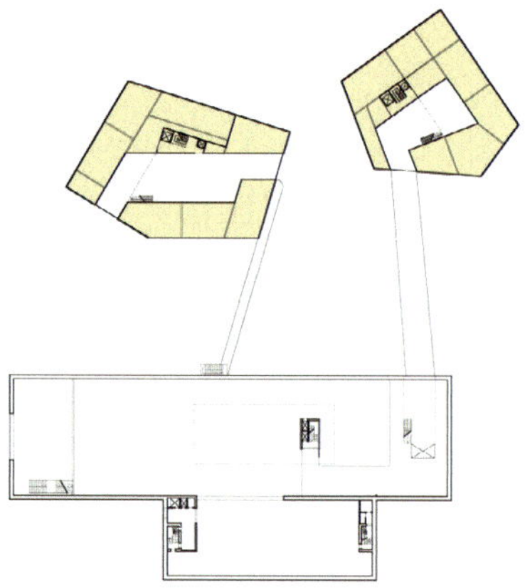

E-Werk Rummelsburg
Hannah von Knobelsdorff, Eva Stricker
Technische Universität Berlin
Eidgenössische Technische Hochschule Zürich

Exploratorium
Dirk Krutke, Matthias Tscheuschler
Universität der Künste Berlin

Strompark
Alexander Glöckner, Caroline Steinchen
Technische Universität Berlin

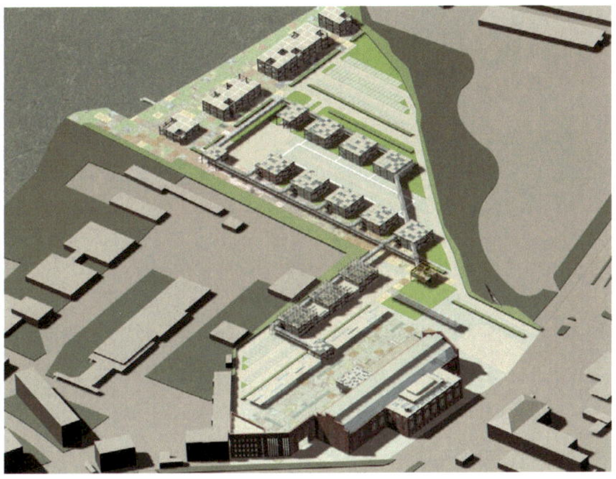

Innovatives Recycling
Dirk Hahn, Kun Ma, Tomeu Morey
Technische Universität Berlin
Prof. Klaus Zillich

Zentrum für regenerative Energien
Daniel Ostrowski
Fachhochschule Leipzig
Prof. Harald Stricker

Pflanzenkraftwerk Rummelsburg
Nicole Blumöhr, Susanne Maijer, Eva Richter
Technische Universität Darmstadt
Prof. Karl-Heinz Petzinka

Öko-Werk Rummelsburg
Mathias Garanin, Stefan Weng
Rheinisch-Westfälische Technische Hochschule Aachen

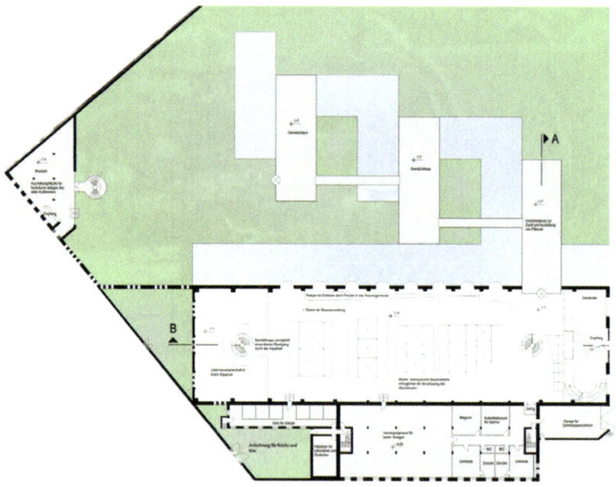

Biologie- und Landschaftszentrum

Eric Hassler, Andreas Schaad
Fachhochschule Koblenz
Prof. Ulf Decker

The Convival Factory

Farés Derraiche, Pascal Michel
Universität Genf

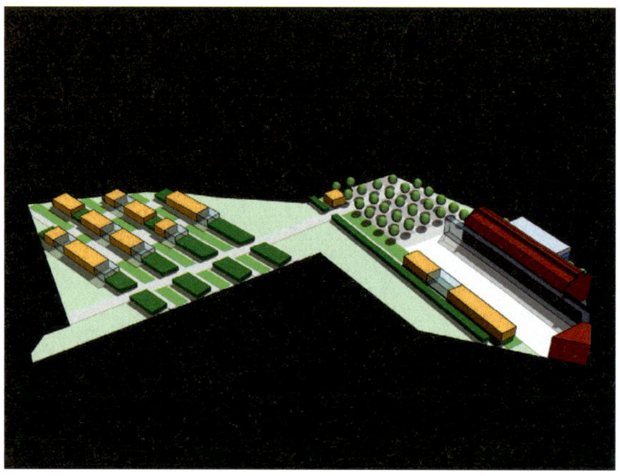

Möbelwerk

Jochen Brand, Hanna-Katharina Schuff
Fachhochschule Würzburg-Schweinfurt
Prof. Dr. Janofske, Prof. Schirmer, Prof. Voitländer

Möbel-Design-Centrum

Thomas Werner
Fachhochschule Leipzig
Prof. Harald Stricker

Rummelsburg Promenade

Anne Mette Frandsen, Mikael Pontoppidan
The Royal Danish Academy of Fine Arts, Kopenhagen

Mode Made in Berlin

Meriton Redza
Fachhochschule Potsdam
Prof. Ludger Brands

Chartgenerator

Hartwig Zehm
Fachhochschule Hamburg
Prof. Anne Rabenschlag

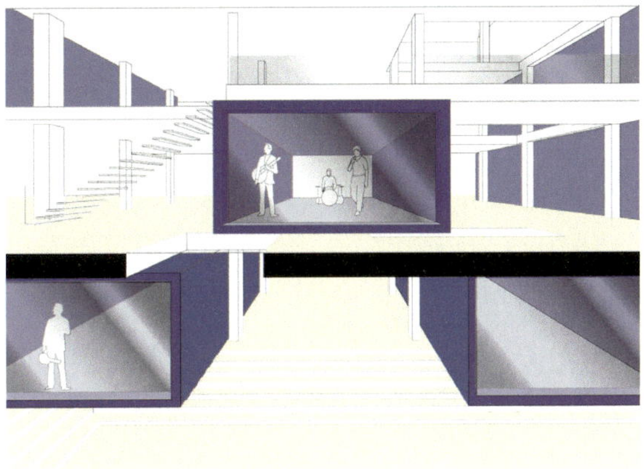

Blue Box Records

Luciana Brum de Freitas, Christian Fügner
Technische Universität Darmstadt
Prof. Karl-Heinz Petzinka, Prof. Jörg Rostock

Musikwerk Rummelsburg

Julia Hartl, Katrin Kuhl, Miok Pyon
Technische Universität Darmstadt
Prof. Karl-Heinz Petzinka

European Space Practice Akademy

Stefan Becker, Wiebke Schröer
Fachhochschule Koblenz
Prof. Ulf Decker

Food-Akademie

Alexandra Dittrich, Nicole Schranz
Fachhochschule Würzburg-Schweinfurt
Prof. Dr. Janofske, Prof. Schirmer, Prof. Voitländer

Culinarium an den Müller-Höfen

Josip Bagaric
Fachhochschule Potsdam
Prof. Ludger Brands

Wasserquartier am Culinarium

Ulrike Aßmann, Laura Heckmann, Toni Homs
Technische Universität Berlin
Prof. Klaus Zillich

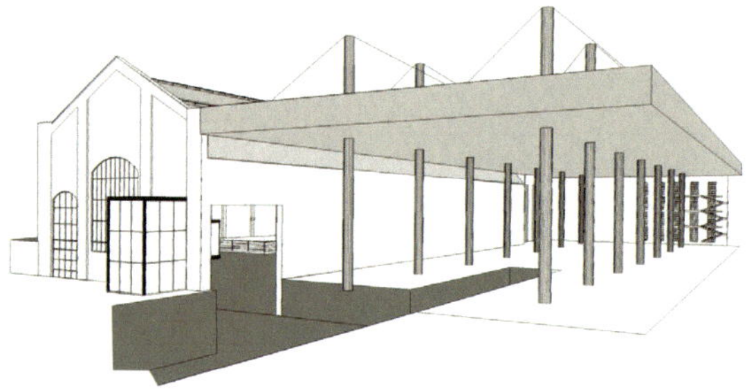

Umnutzungskonzept

Leonhard Lemke
Universität Kassel
Prof. Alexander Eichenlaub

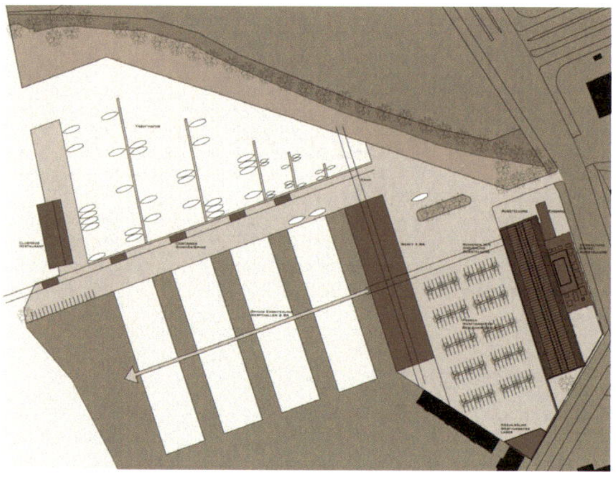

Yachtcenter

Stephan Haas, Holger Schumacher
Fachhochschule Würzburg-Schweinfurt
Prof. Dr. Janofske, Prof. Schirmer, Prof. Voitländer

Segelwerk

Michael Brokmann, Marcel Emde
Fachhochschule Frankfurt am Main
Dipl.-Ing. Jens Daube

Sommersprossen

Christina Enke
Fachhochschule Erfurt
Prof. Dr. Günther Fischer

Von Elektropolis zu Aquapolis

Christoph Schön-Pigisch
Technische Universität Wien
Prof. Dr. Kari Jormakka

Yachting Point Rummelsburg

Nico Thomas Schröter, Heiko Wermann
Brandenburgische Technische Universität Cottbus
Prof. Inken Baller

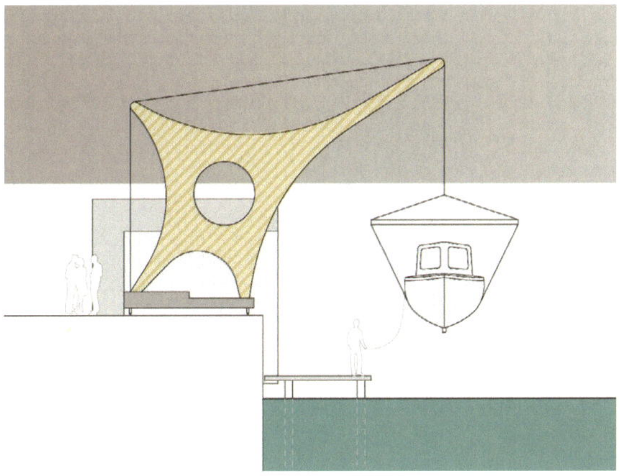

Spreeboot

Stefan Becker, Robert Klaus
Technische Universität Berlin
Prof. Klaus Zillich

Around Boats

Maryla Duleba, Daniela Lepetit
Technische Universität Berlin
Prof. Klaus Zillich

Stadt Land Fluss

Gesine Junker, Sandra Leythaeuser
Rheinisch-Westfälische Technische Hochschule Aachen
Prof. Dr. Hartwig Schmidt

Schauwerk Bootshaus

Mareike Richter
Hochschule für Technik und Wirtschaft Dresden
Prof. Dr. Valentin Hammerschmidt

Erlebnis, Sport und Gesundheit

Adventure, Sport and Health

Zahlreiche Lösungsansätze führen Nachweise über die Eignung der Kraftwerksbauten als Kongress- und Veranstaltungszentrum. Konzerthalle, Theatersaal und Zirkusarena werden mit Open-Air-Bühnen, Freilichttheatern, Autokinos und Parkanlagen verbunden.
Im Hinblick auf eine Neunutzung als Sporteinrichtung werden Vorschläge unterbreitet, die unter Einbeziehung der umliegenden Freiflächen ausgedehnte Sportparks entwickeln. Der Altbau tritt dabei als Zentrum der Anlage auf: Das Maschinenhaus bietet große Hallenflächen für die verschiedensten Sportarten von klassischen Ballspielen bis zu Trendsport wie Klettern und Inlineskating. Es eignet sich mit seinen zwei Ebenen auch zum Einbau eines Schwimmbades, wobei auf der Tiefebene die Beckenumbauten platziert werden können. In den Geschossen des Betriebsgebäudes sind oft Fitness- und Kampfsportstudios oder Wellnessbäder sowie Umkleiden untergebracht. Die Schaltgalerie bietet sich für eine Nutzung als Café oder Restaurant an, von dem aus man wie in einem Schaukasten das Geschehen in der Halle beobachten kann.
Zusätzlich zu den Nutzern geläufiger innerstädtischer Sportanlagen werden mit einem zentrumsnah gelegenem Reitsportzentrum und einer Golfanlage auch Sportler angesprochen, die gemeinhin zur Ausübung ihres Hobbys weite Wege an den Stadtrand oder ins Umland auf sich nehmen müssen.
Eine Besonderheit unter den Gesundheitseinrichtungen stellen die Therapiezentren zur Behandlung essgestörter Kinder dar. Das Grundstück wird dabei als geeigneter Raum zum Anlegen einer Stadt in der Stadt angesehen, in der die Patienten in einem geschützten Raum gesundes Ess- und Freizeitverhalten erlernen können.
Als Möglichkeit zur kostengünstigen Zwischenkolonisierung des Areals bieten zwei Arbeitsgruppen in Verbindung mit der Wasserlage einen Campingplatz an, dessen Serviceeinrichtungen in den Bestandsgebäuden untergebracht werden. Als Initial zur Revitalisierung des Areals sollen diese Lösungen zur weiteren Vermarktung des Grundstückes beitragen.

Numerous projects show that the power station is well suited for use as a congress and event centre. Concert halls, auditoria and circus arenas have been combined with open-air stages and theatres, drive-in cinemas and parks.
Suggestions have also been made for conversion into a sports centre in which the surrounding open spaces have been developed into sports parks. The old building becomes the centre of the complex: the machine hall provides space for the most diverse types of sport, from classical ball games to fashion sports such as climbing and inline skating. Its two levels also make the installation of a swimming pool feasible. The lower level would accommodate the underside of the pool. Gyms and martial arts studios as well as spas and changing facilities have often been located in the floors of the operation building. The switch gallery is perfect for a café or restaurant from where events in the halls below may be observed.
As well as the more common inner city sports, other types of sporting facilities such as riding schools and golf courses are on offer in this central location to people who would otherwise have to travel long distances to the outskirts of the city to practice their hobbies.
A centre for the treatment of children with eating disorders is noteworthy among the suggested health care facilities. The property is a suitable location for a city within the city in which patients may relearn healthy eating and recreational behaviour in a protected environment.
Two groups propose a cost-saving temporary use as a waterside campsite. Its service facilities would be housed in the existing buildings. These solutions would be the starting point of a revitalisation of the area and are intended to further market it.

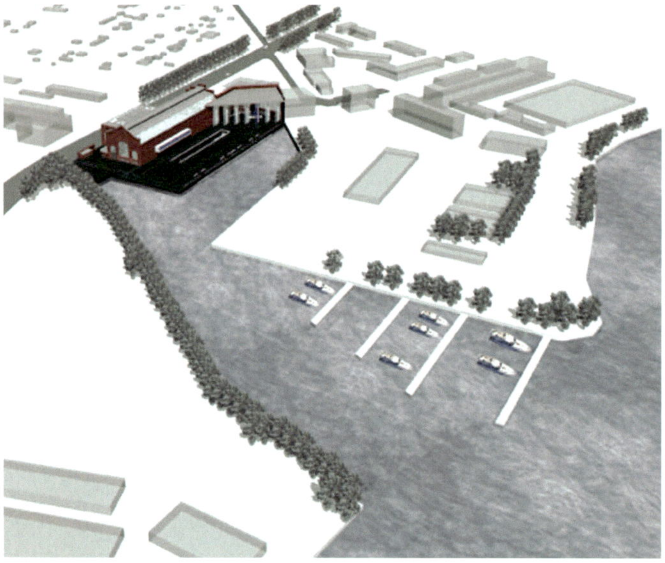

Lage Location

Aufgang in die Maschinenhalle Access to the machine hall

Spree-Casino Berlin

96

Stefan Munko
Michael Schmitz
Fachhochschule Lippe-Höxter
Prof. Dr. Enno Schneider, Prof. Oliver Hall

Der Entwurf soll als neuer Impuls Investoren und Konsumenten auf das Kraftwerksgelände locken: ein Casino mit Yachthafen, Restaurants und Clubs, das seine Atmosphäre aus industriellem Charme und Exklusivität bezieht. Die Erschließung des Geländes erfolgt über die Straße und vom Wasser her über eine Spree-Lagune. An Stelle des Kesselhauses wird eine Kaianlage ausgebildet, mit der ein Forum geschaffen und das Ankommen inszeniert wird. Eine großzügige Empfangshalle bietet ein der hochwertigen Nutzung angemessenes Raumerlebnis, das durch überdimensionale schwenkbare Glasschwerter bekräftigt wird. Die Gestaltung des Innenraumes mit zwei Hauptebenen für Spiel und Gastronomie orientiert sich im Wesentlichen am Bestand. Addiert wird ein die Brandwand durchbrechender Kubus, der eine Bar aufnimmt, von der aus sowohl das Forum als auch der Hallenraum observiert werden kann.

The design will give the area a new impulse, enticing investors and consumers to the power station site: a casino with marina, restaurants and clubs which draw their atmosphere from the location's industrial charm and exclusiveness. The property will be connected to the city via the street and from the water by the River Spree lagoon. A quay complex will be installed in place of the boiler house to give the complex both a forum and a dramatic arrivals space. A generous reception area with giant pivoting glass swords will be the appropriate space for such a high-class venue. The interior spaces, with two levels for gambling and gastronomy, are based on the building's original layout. A cube containing a bar is the only addition. It breaks through the firewall offering good views over both the forum and the hall.

Ebene 0 Level 0

Ansicht von Norden North elevation

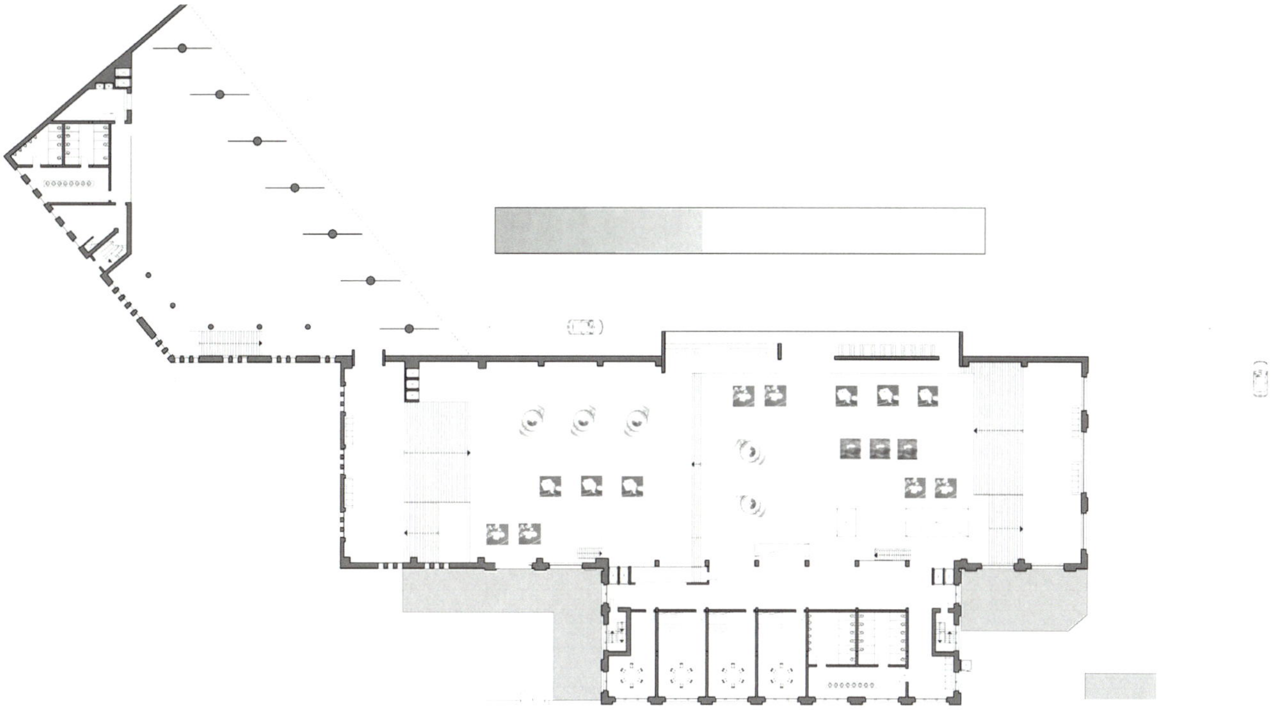

Grundriss, Ebene 1 Ground plan, level 1

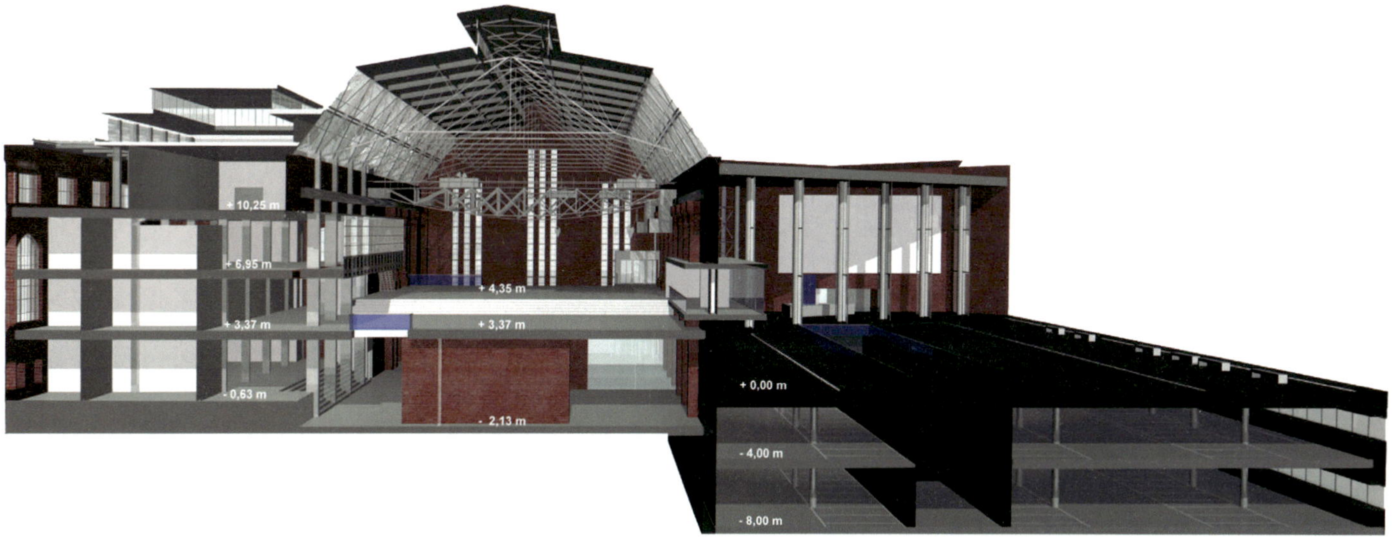

Querschnitt Cross section

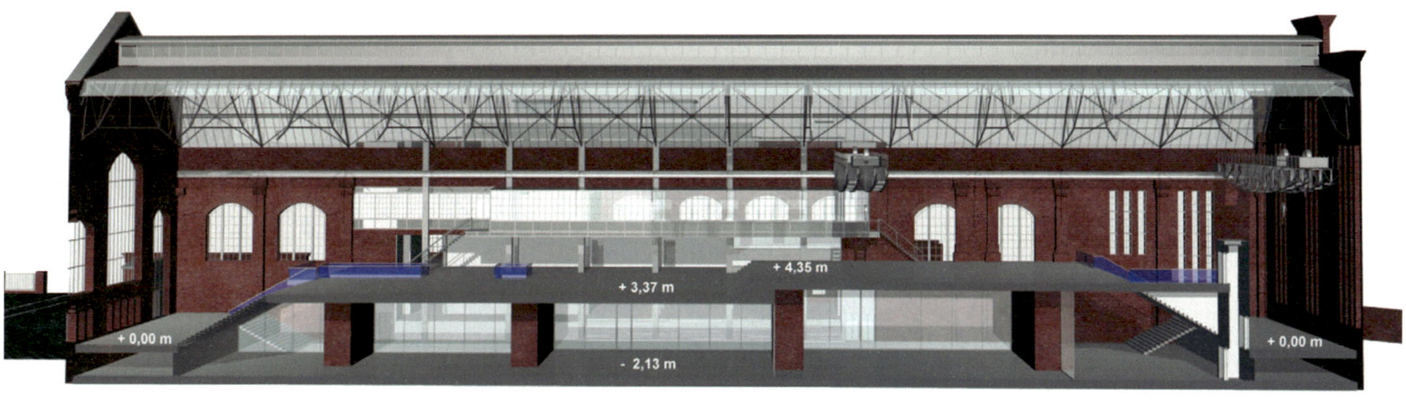

Längsschnitt Longitudinal section

Maschinenhalle Machine hall

Osteuropazentrum für Wirtschaft und Kultur

Andreas Utecht
Fachhochschule Potsdam
Prof. Ludger Brands

Im Mai 2004 ist die Europäische Union um zehn Mitglieder gewachsen. Mit einem Anlaufpunkt, der sich dem direkten Austausch mit den osteuropäischen Nachbarn verschrieben hat, entsteht in Berlin, der Drehscheibe für Osteuropa, eine Basis für den Austausch der Kulturen. Auf dem Gelände befinden sich zahlreiche Kultur- und Wirtschaftsbotschaften sowie Einzelhandelsflächen. Die Maschinenhalle wird als übergeordnete Kommunikationsbasis genutzt: Konferenzen, Ausstellungen und andere kulturelle Veranstaltungen finden hier statt.
Der Entwurf ordnet sich dem Erbe der industriellen Zeit unter. Vorgeschlagen wird eine Bebauung, die das Areal als Quartier erfasst, in dem sich öffentliche und halböffentliche Räume abwechseln. Die direkte Lage an der Spree wird dabei als Bereicherung für den Standort verstanden und räumlich in das Konzept integriert.

The European Union expanded by ten members in May 2004. A point of reference, dedicated to exchange with its east European neighbours will emerge in Berlin to become the hub of Eastern Europe and a base for cultural exchange. Numerous cultural and economic facilities and retailers will establish themselves on the site. The machine hall will be the main communication centre: conferences, exhibitions and other cultural events will take place here.
The design is based on the legacy of the industrial era. The development will transform the area into an urban quarter with alternating public and semi-public spaces. Its location directly on the River Spree is an enrichment, which has been integrated into the concept.

Fassadenstudien Façade studies

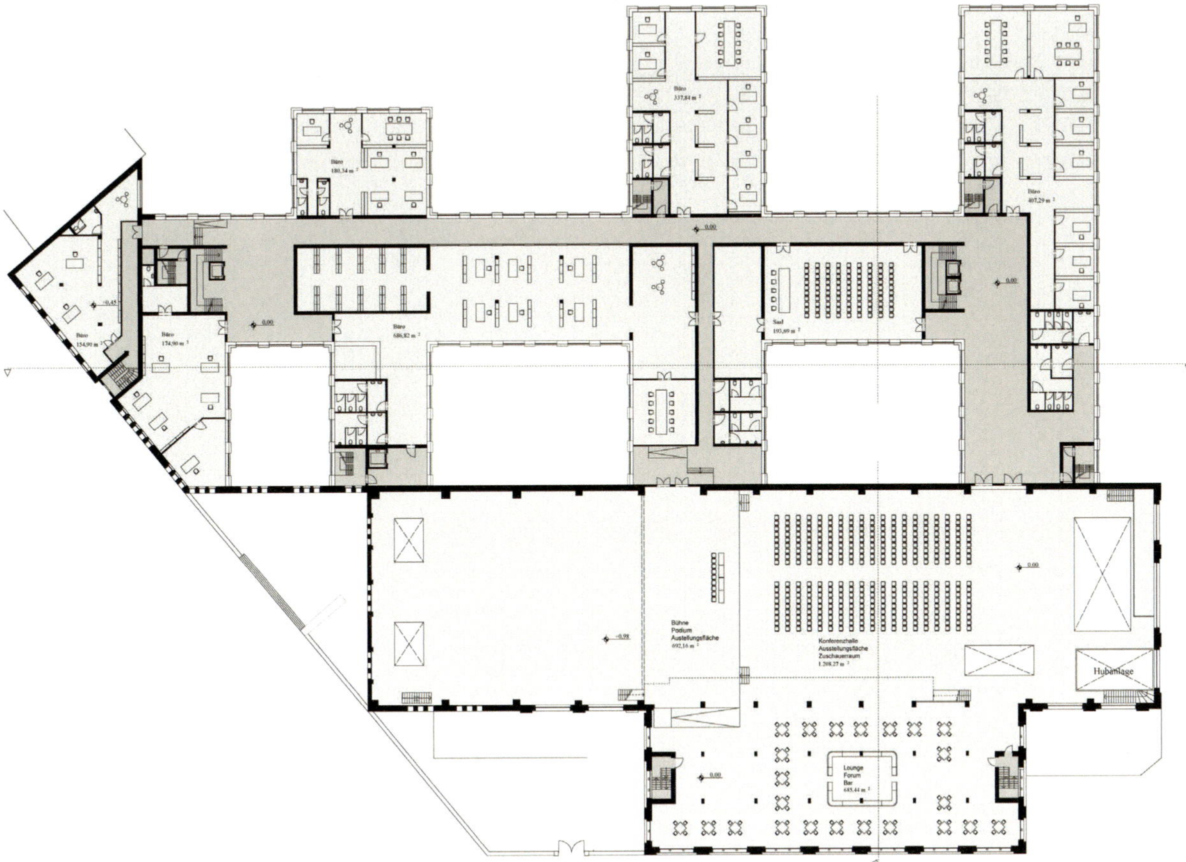

Grundriss, Ebene 1 Ground plan, level 1

Fassaden Westen West façade

Zufahrt zum Osteuropazentrum Access to Eastern Europe Centre

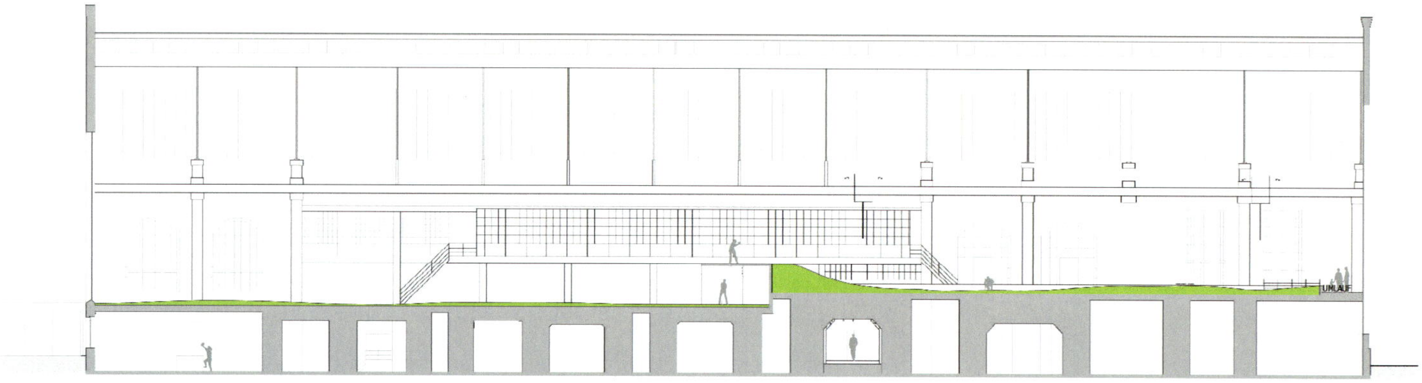

Längsschnitt Longitudinal section

Golfanlage Berlin

Johannes Albert
Philipp Hahne
Fachhochschule Würzburg-Schweinfurt
Prof. Dr. Janofske, Prof. Schirmer, Prof. Voitländer

Als weitgehend autark agierende Lösung wird für das Areal eine Golfanlage vorgeschlagen, bei der minimal dimensionierte Ertüchtigungsmaßnahmen, ein begrenztes Neubauvolumen (Parkhaus) und die Umstrukturierung des Außenraumes die Investitionskosten gering ausfallen lassen.
Konzeptionell wird das Projekt phasenweise realisiert. Zunächst entsteht in den Bestandsgebäuden das Golfcenter: In der Turbinenhalle wird eine *Driving Range* und ein *Indoor Putting Green* angelegt. Ausrüstungsmagazin, Golfshop, Clubrestaurant, Veranstaltungssaal und Umkleiden ziehen in das Betriebsgebäude ein. Die Außenanlagen werden zu einem 6-Loch-Golfplatz umgestaltet und mit einem Parkhaus besetzt. Golfplatzerweiterungen sind für die nördliche Brache und auf dem Gelände des ehemaligen DDR-Rundfunks angedacht. Hier sind Möglichkeiten für weitere Innensportstätten und ein Hotel gegeben.

The proposal here for a golfing complex would be a relatively independent, inexpensive solution with minimal efficiency improving measures, marginal new building (a multi-storey car park) and the restructuring of open spaces.
According to the concept the project would be realised in different phases. Initially a golfing centre would be set up in the existing buildings: A *Driving Range* and *Indoor Putting Green* would be installed in the turbine hall. An equipment store, golfing shop, club restaurant, event hall, and changing rooms would move into the operation building. The grounds would be made into a six-hole golf course and a multi-storey car park would also be erected in them. The golf course could be extended into the wasteland to the north of the site and onto the grounds of the former GDR broadcasting station. The latter could also accommodate indoor sporting facilities and a hotel.

Aufgang am Betriebsgebäude Ascent at operation building

Golfshop Golfing shop

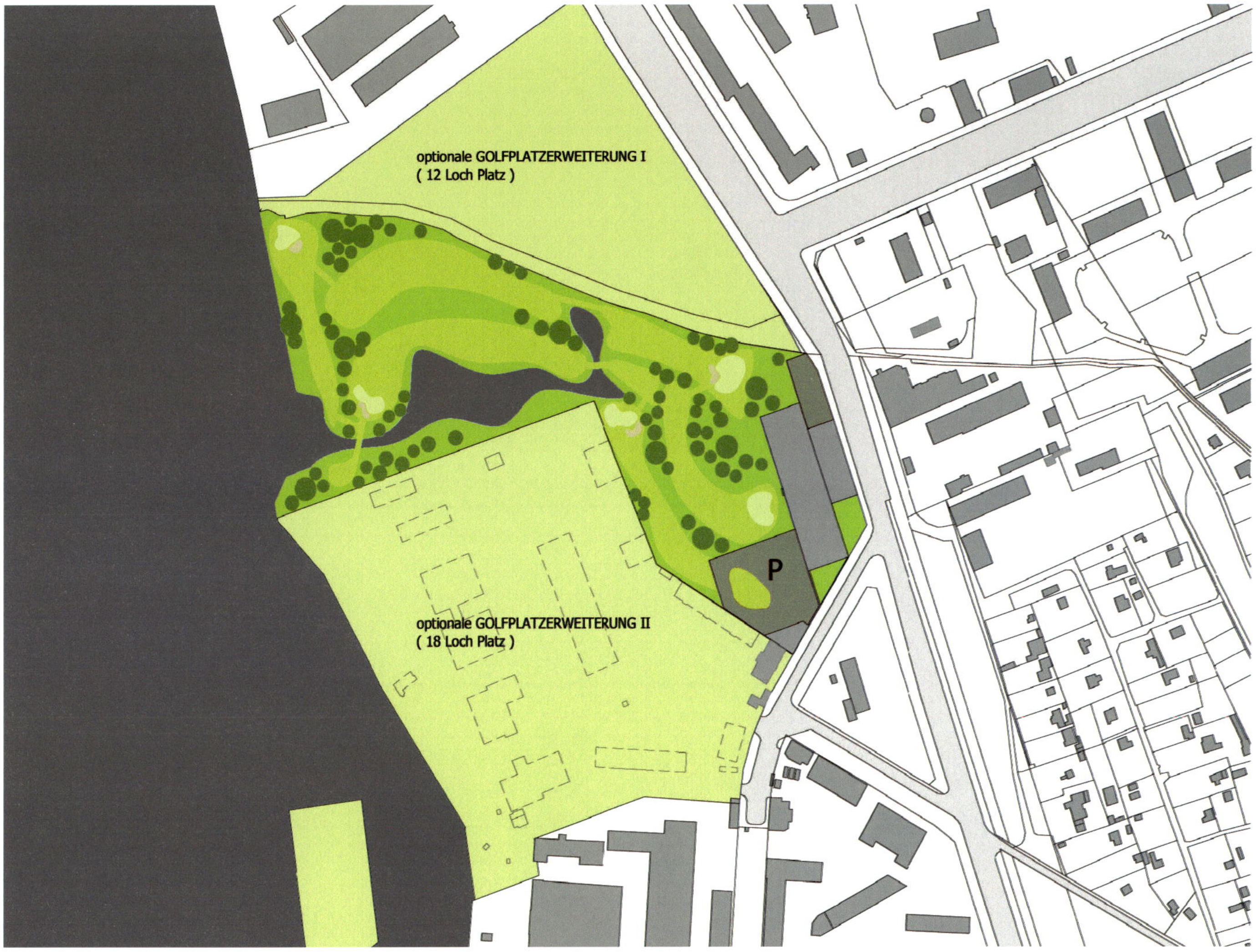

Lageplan mit Erweiterungsflächen Site plan with extension areas

Grundriss, Ebene 1 Ground plan, level 1

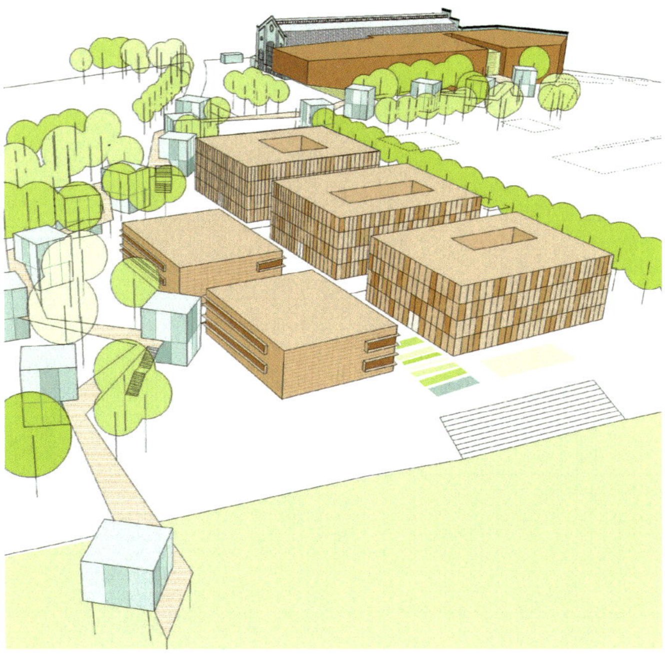

Neubauten an der Spree New buildings on the River Spree

Kunst- und Medienwerk Rummelsburg

Volker Scholz
Daniela Weis
Universität Stuttgart

Auf dem Grundstück des Kraftwerks Rummelsburg soll Raum für die kreative Szene Berlins geschaffen werden. Herzstück ist das Medientheater, das an die Stelle des Kesselhauses tritt. Es verfügt über fünf Säle, Tagungsraum und Bowlingcenter. Das denkmalgeschützte Maschinenhaus wird als Foyer und für Bankette, Vorträge, Konzerte und Ausstellungen genutzt. Im Untergeschoss ergänzen ein Erlebnisrestaurant und ein Kellertheater das vielseitige Angebot.
Ausgehend vom Neubau zieht sich ein Band von „Künstlerkuben" zur Spree hin, in denen Künstler sowohl arbeiten als auch wohnen können. Ausstellungsräume im Obergeschoss sind durch einen Steg miteinander verbunden, der als Open-Air-Galerie einen Bogen zwischen dem Grundstücksteil an der Straße und dem an der Spree schlägt. Dort entstehen fünf Neubauten, darunter ein Existenzgründerzentrum, ein Zentrum für Musik und ein Tagungshotel.

Rummelsburg power station will provide new space for Berlin's creative scene. A media theatre, in place of the former boiler house, with five halls, a conference room and bowling centre, will be at the heart of the project. The listed machine building will be the foyer and will also be used for banquets, lectures, concerts and exhibitions. An event restaurant and cellar theatre in the basement will complete the all-round spectrum.
A band of „artist's cubes", in which artists can work and live, will make its way from the new building towards the River Spree. Exhibition spaces on the top floor will be connected by an open-air gallery bridge, which will bend from the street side of the site to the River Spree. Five new buildings will be constructed there which, among other things, will accommodate a business start-up centre, a music centre and a conference hotel.

Lageplan Site plan

Fassade Neubau   Façade of new building

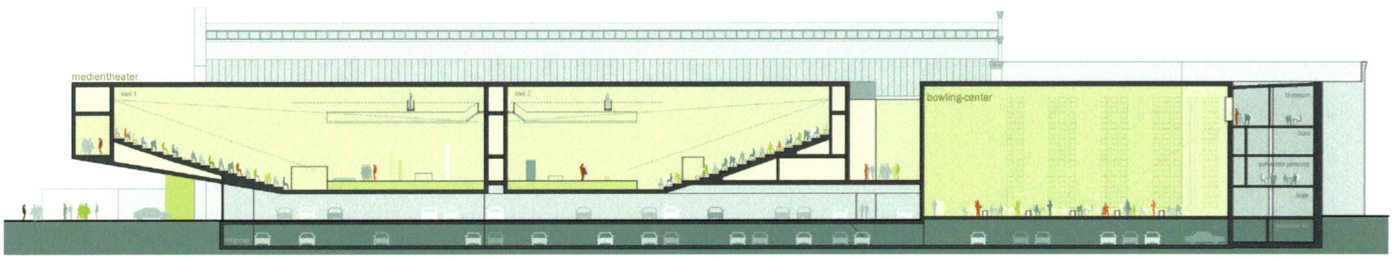

Längsschnitt Neubau   Longitudinal section of new building

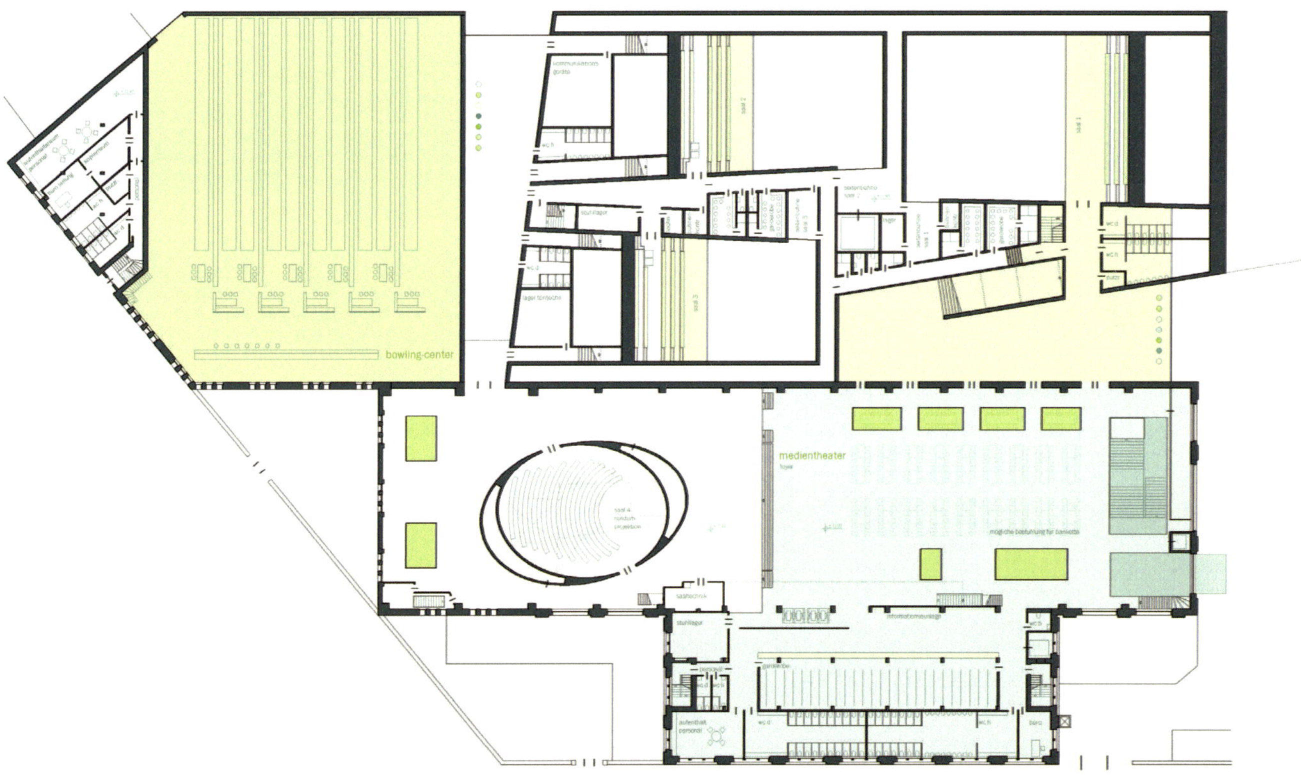

Grundriss, Ebene 1   Ground plan, level 1

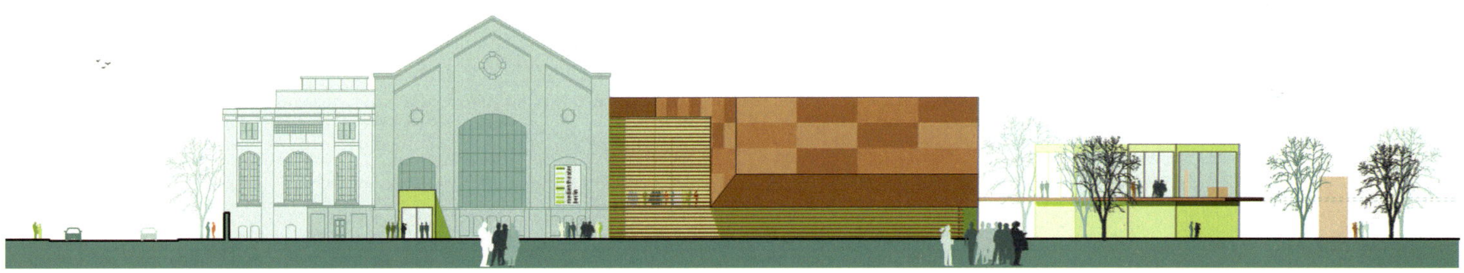

Fassade Norden   North façade

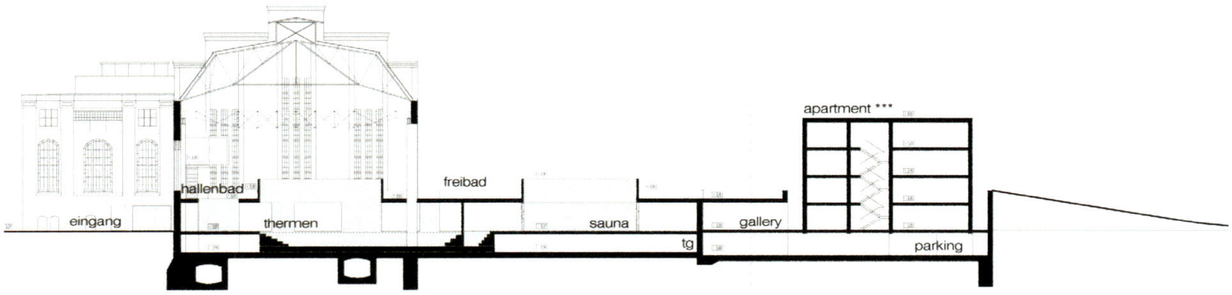

Querschnitt Cross section

Ther-Mall

104 **Eva-Maria Kaempf**

Technische Universität Wien
Dipl.-Ing. Oliver Schürer

Im Standortvorteil der Spreelage mit den nahegelegenen Parks und Grünzügen begründen sich die Rekreationspotentiale des ehemaligen Kraftwerksareals. Mit *Ther-Mall* wird ein breites Angebot an Freizeiteinrichtungen für Erholung, Wellness, Therapie, Schwimmen, Fitness und Wassersport mit den dazugehörenden Dienstleistungen und Gastronomie vorgeschlagen. Hotel und Apartments ergänzen das Funktionsangebot.
Das entsprechende Raumprogramm wird durch Neuinterpretation des Gebäudebestandes in die vorhandene Struktur eingepasst. Wenige Neubauten treten hinzu. Die Turbinenhalle nimmt eine große Schwimmhalle auf, die durch beheizbare Außenschwimmbecken auf dem Platz des Kesselhauses ergänzt wird. Durch die Auflösung der Hallenwestwand werden beide Funktionseinheiten in enge Beziehung gesetzt.
Das Freigelände wird durch ein eingezogenes Spreeufer als große Lagune angelegt, hier befindet sich ein Sportboothafen.

The power station site's recreational potential is largely thanks to its favourable location directly on the River Spree and to the neighbouring parks and green belts. *Ther-Mall* will provide a wide range of leisure activities for recreation, therapy, swimming, training and water sports with the services and gastronomy, which go with them. A hotel and apartment will complete the ensemble.
The spaces required will be fitted into the original buildings and reinterpret the existing structures. A few new buildings will be added. The turbine hall will accommodate a big swimming pool to which a heated outdoor swimming pool will be added in place of the boiler house. The removal of the west wall of the hall will create a stronger connection between both functional areas.
The banks of the River Spree will be shifted into the open space outside the building to become a lagoon with a sports boat port.

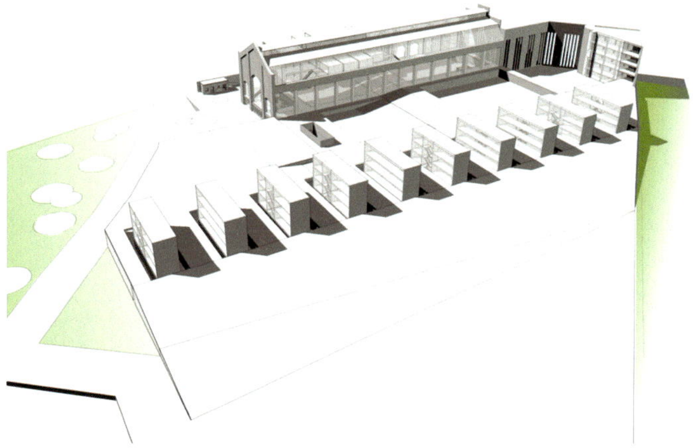

Ansicht von Westen West elevation

Maschinenhalle Machine hall

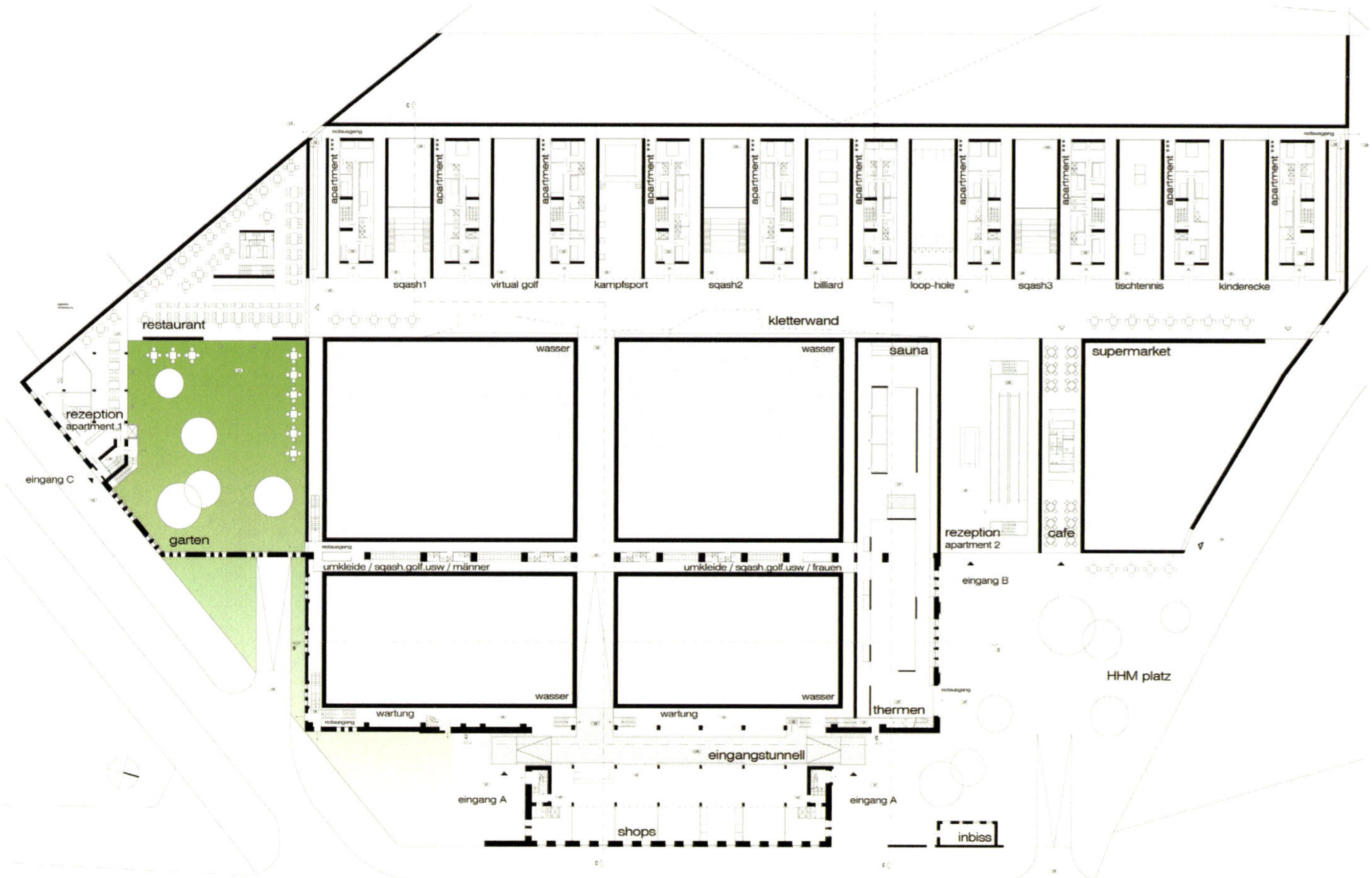

Grundriss, Ebene 0 Ground plan, level 0

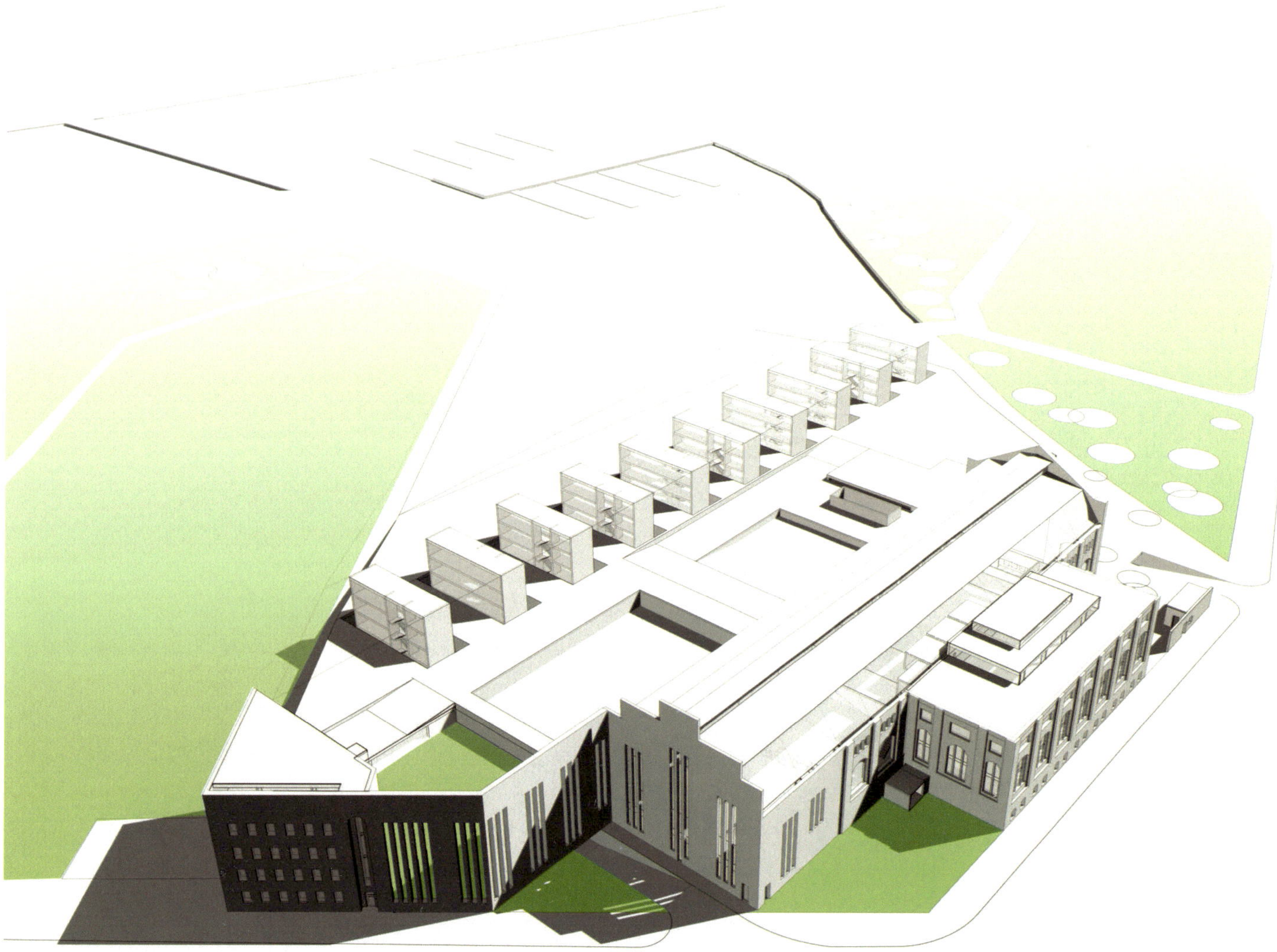

Ansicht von Süden South elevation

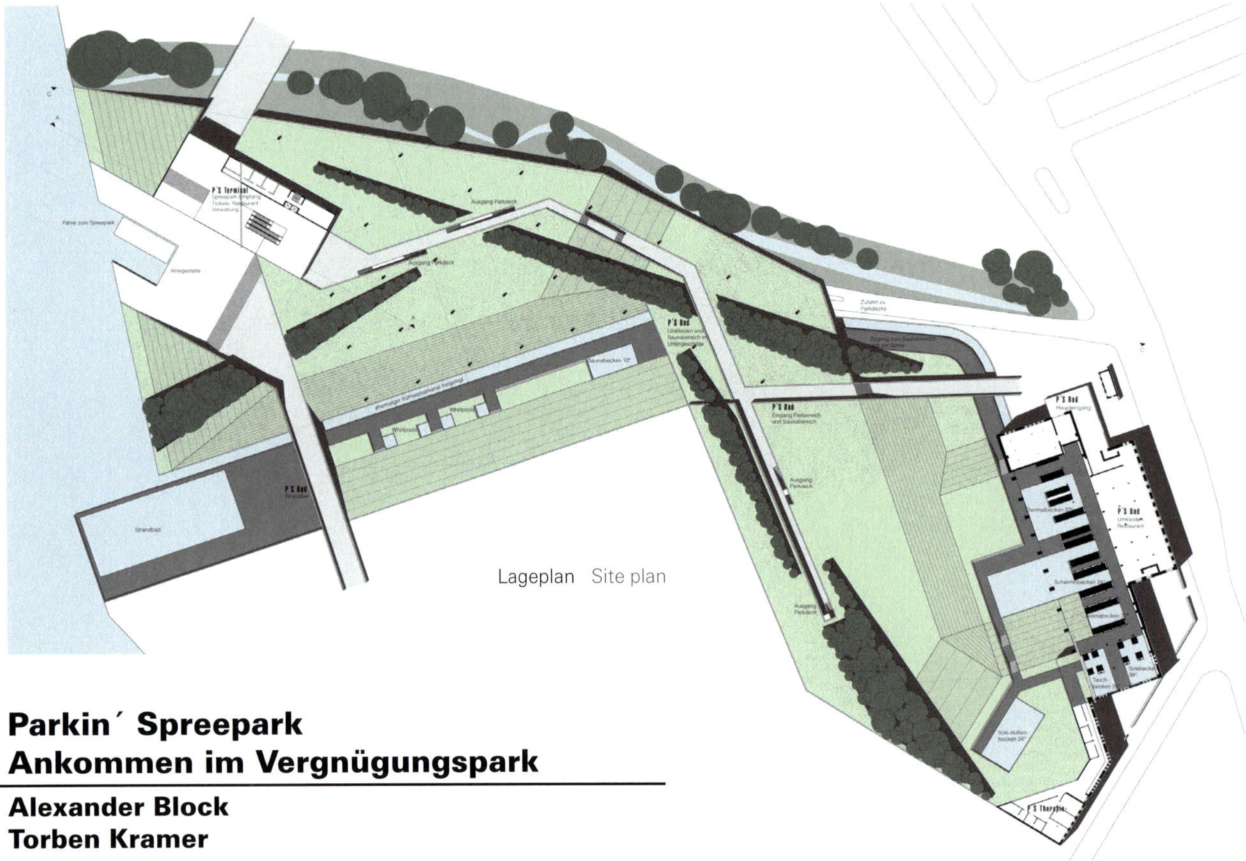

Lageplan Site plan

Parkin´ Spreepark
Ankommen im Vergnügungspark

106 **Alexander Block**
Torben Kramer
Technische Universität Berlin
Prof. Klaus Zillich

Das Kraftwerksareal ist das fehlende Glied in einer Kette von Grünräumen im Südosten Berlins. *Parkin' Spreepark* schlägt eine Brücke über die Spree.
Der Reaktivierung des Spreeparks stehen in erster Linie zwei Probleme im Weg: Die Lage im Landschaftsschutzgebiet begrenzt die Parkraumversorgung und verhindert die Ausdehnung des Freizeitparks. Diese Defizite werden mit dem Konzept von *Parkin' Spreepark*, das unter einer künstlichen Parklandschaft Stellplätze und Versorgungsstrukturen anbietet, behoben.
Die ehemalige Maschinenhalle spricht eine andere Zielgruppe an und beherbergt mit dem P'S Bad ein Badehaus für gehobene Ansprüche. Das Betriebsgebäude nimmt die dienenden Nutzungen, wie Umkleiden und Gastronomie, auf.
Therapieangebote im Werkstattgebäude ergänzen das Angebot des P'S Bades. Ein Neubau stellt die Verbindung zum Badehaus her und stützt rückseitig die Kesselhausfassade.

The power station site is the missing link in a chain of green spaces in the south east of Berlin. *Parkin' Spreepark* will span a bridge over the River Spree.
There are two main obstacles blocking the reactivation of Spree Park: its location in a nature reserve means that the maintenance and supply of the park are restricted and also prevents the amusement park from expanding. The *Parkin' Spreepark* concept removes these obstacles by installing storage space and maintenance facilities under an artificial park landscape.
The former machine hall will accommodate the *Parkin' Spreepark* spa to appeal to the more upmarket consumer. Service functions such as changing rooms and gastronomy are to be located in the operation building. Treatment rooms in the workshop building will complement those on offer in the spa. A new building will provide the connection to the spa and fill the void behind the boiler house façade.

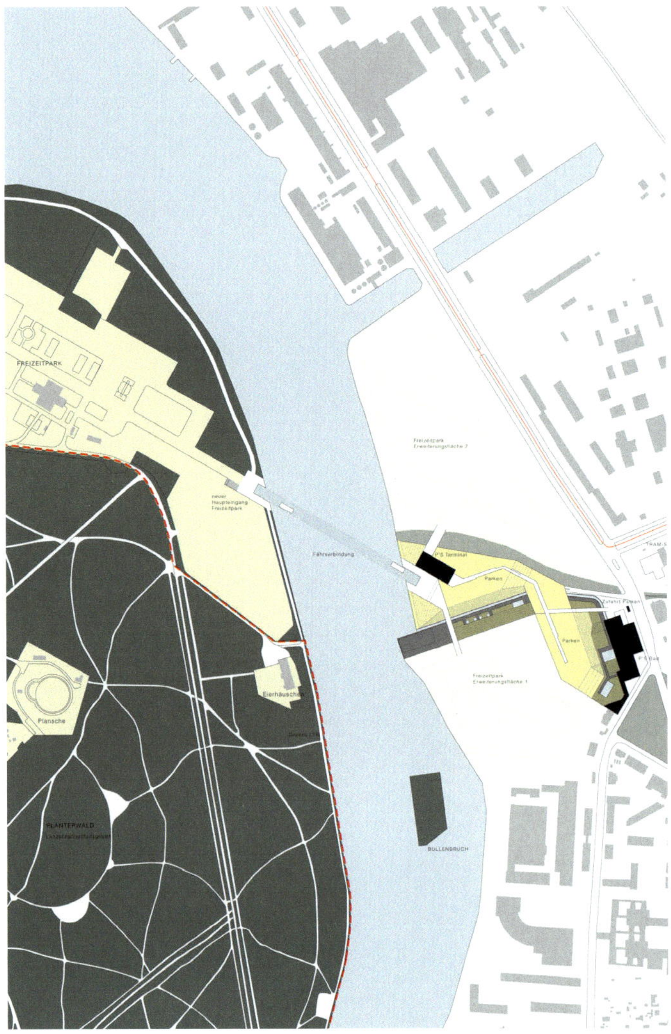

Einbindung in die Umgebung Integration into surrounding area

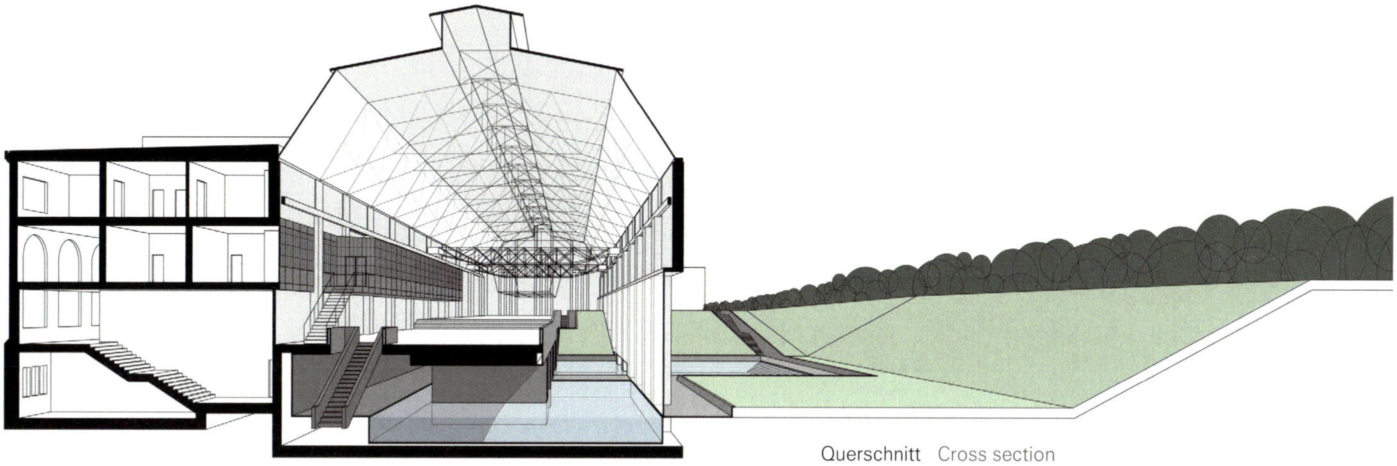

Querschnitt Cross section

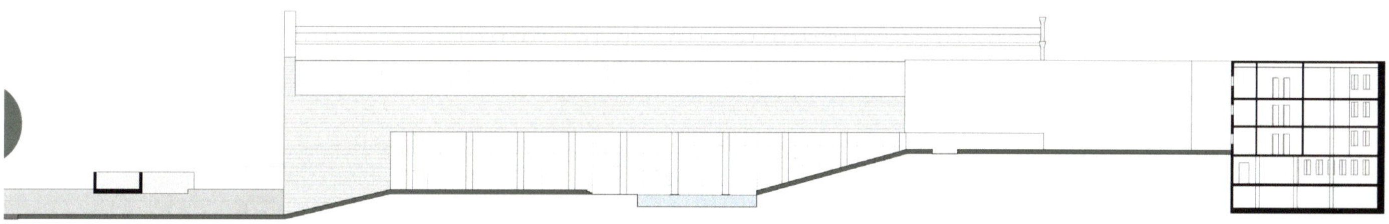

Längsschnitt Longitudinal section

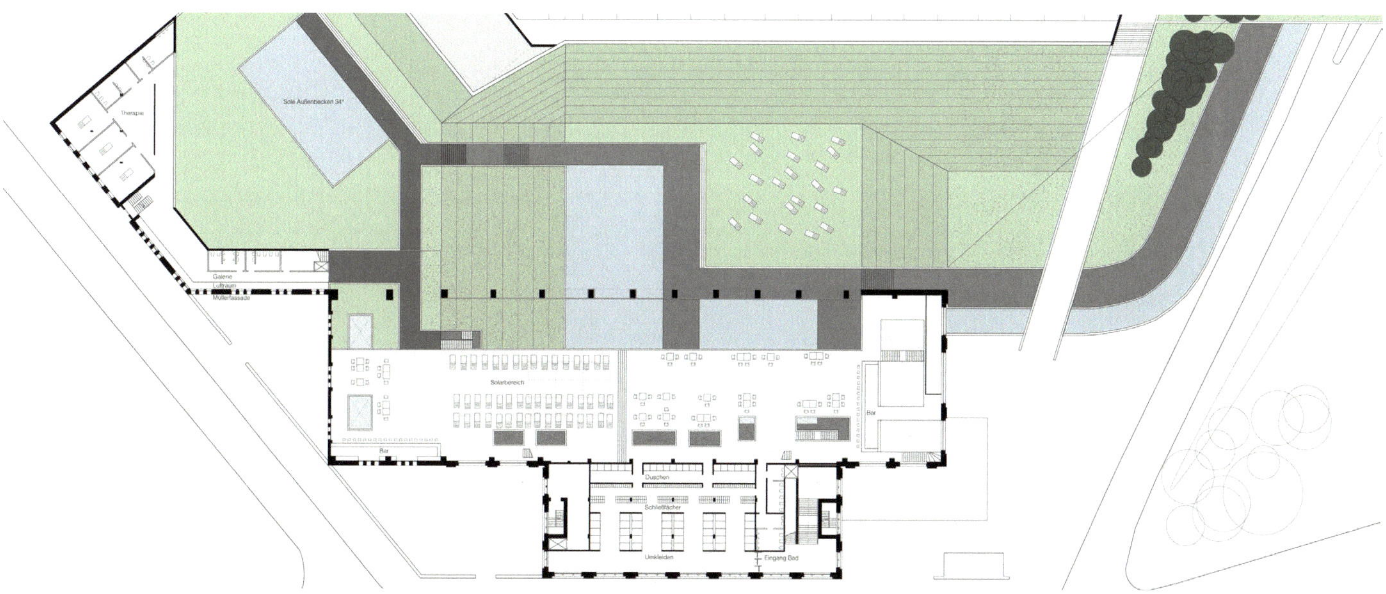

Grundriss, Ebene 1 Ground plan, level 1

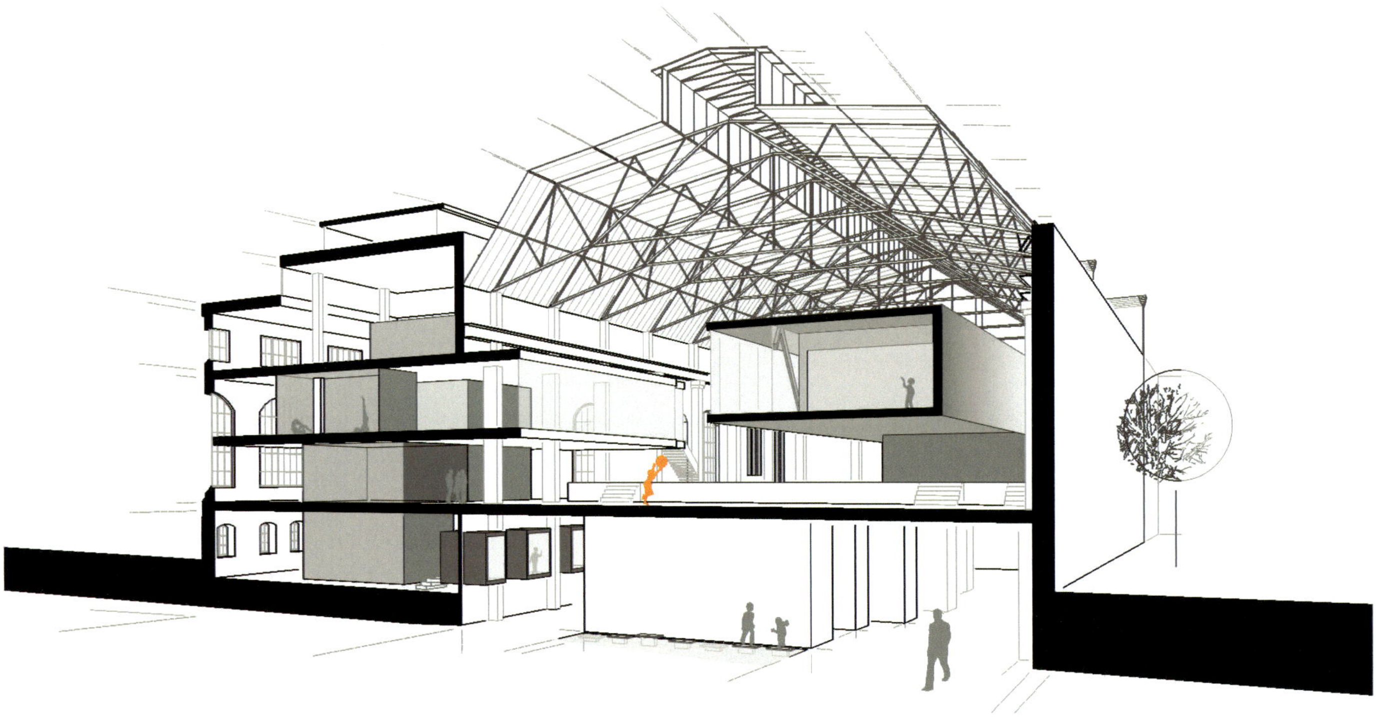

Querschnitt Cross section

LernWerkStatt

Sandra Franz
Franziska Peter
Fachhochschule Leipzig
Prof. Harald Stricker, Prof. Henning Rambow

In Berlin leidet jedes fünfte Kind an Essstörungen. Ziel des Konzeptes ist es, eine zentrale Anlaufstelle für Interessierte, Betroffene und Angehörige zu schaffen, die das Erlernen eines gesunden Freizeitverhaltens, richtiger Ernährung und Freude an Bewegung in den Mittelpunkt stellt.
Der Entwurf sieht für jede Therapieeinrichtung ein Gebäude vor und verbindet diese mit einem Plateau, das in Sichtbeton ausgebildet wird und über dem Boden zu schweben scheint. Es funktioniert aber nicht nur in der Ebene, sondern ist gleichzeitig Spiel mit unterschiedlichen Höhen. Dabei schafft es überdachte Parkmöglichkeiten, gewährleistet Sichtbeziehungen und bildet den baulichen Rahmen für die Einrichtung. Auf ihm befinden sich die Gebäude mit verschiedenen Funktionen und zugehörigen Freiflächen, wie Lehrgarten, Erholungsflächen und Spielplätze. Die Natur, die an die Kanten des Plateaus stößt, bleibt unberührt.

Every fifth child in Berlin suffers from an eating disorder. The aim of this concept is to create a central place of refuge for those interested in and those affected by the illness and their relatives, which focuses on the relearning of healthy recreational behaviour, proper nutrition and the joys of exercise.
The design envisages that each type of treatment be located in one of the existing buildings. They will be linked by an exposed concrete platform, which appears to float over the ground. As well as working on one level it plays with differences in height, thereby providing a roofed car park, visual connections and a building structure for the composition. The buildings with their different functions and related open spaces are located on it as well as teaching gardens, recreational areas and playgrounds. The surrounding nature, which reaches the edges of the platform, will remain untouched.

Plateau Plateau

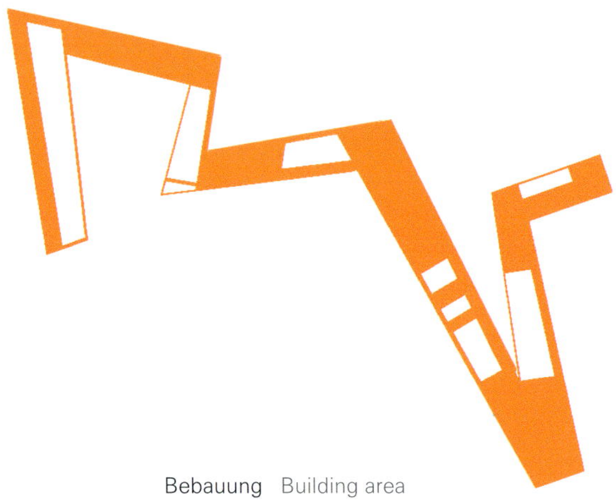

Bebauung Building area

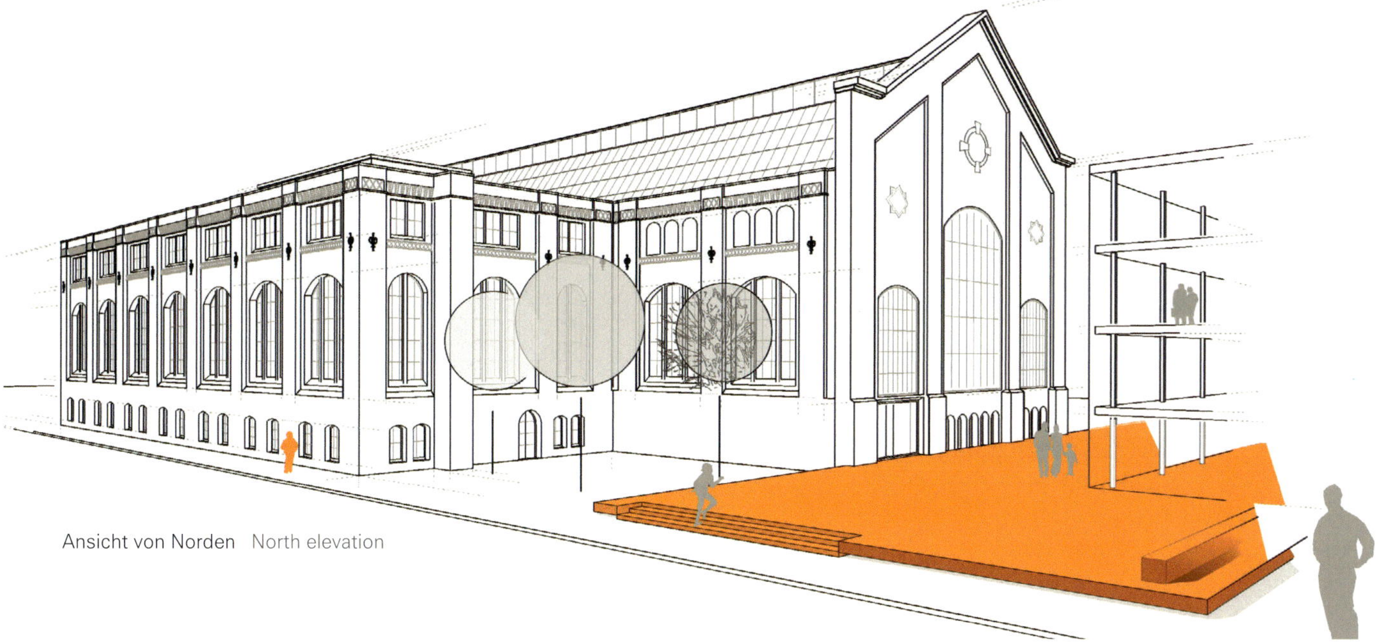

Ansicht von Norden North elevation

Grundriss, Ebene 0 Ground plan, level 0

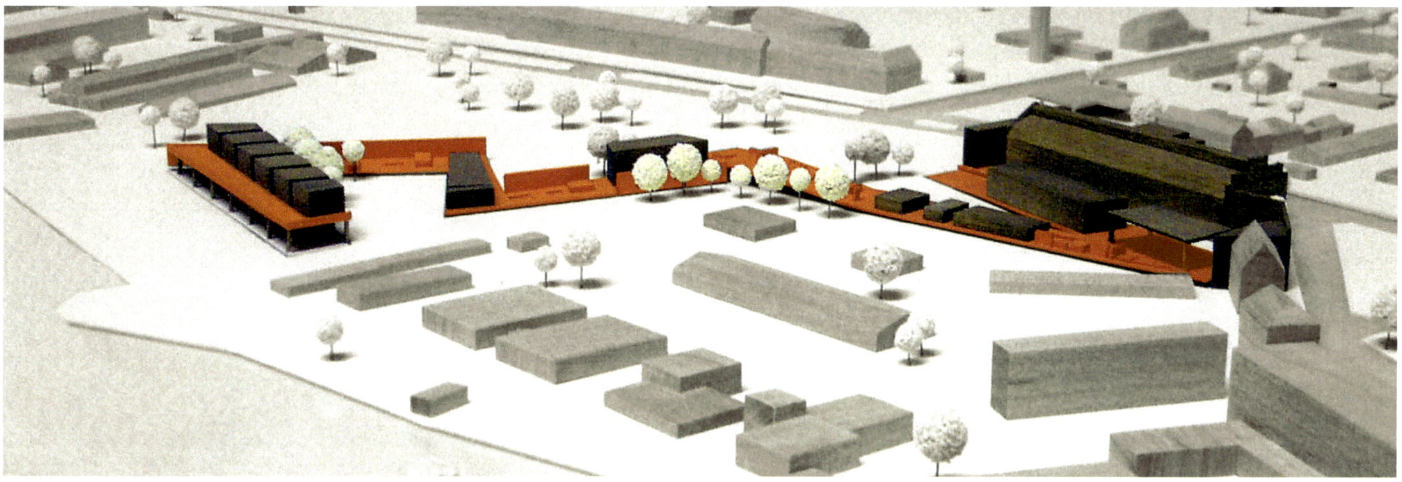

Modell Model

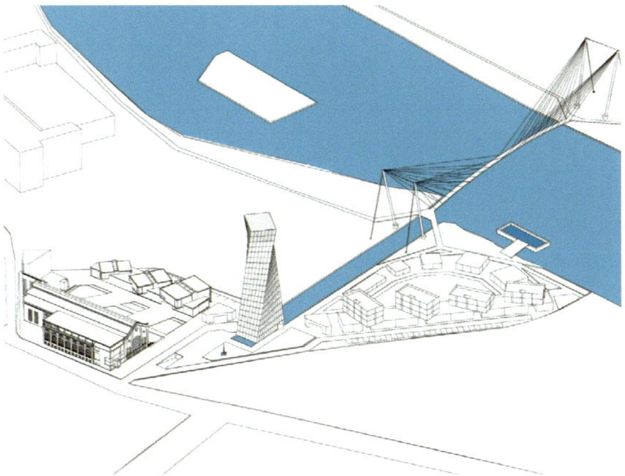

Kongresswerk Rummelsburg
Stephan Janitschek, Tim Obermann
Technische Universität Berlin
Prof. Klaus Zillich

Kulturwerk im Bürgerzentrum
Mathias Mund
Fachhochschule Stuttgart
Prof. Ursula Steinhilber

Start – Initial Camping
Lola Jessica Meyer, Mitja Windisch
Universität Kassel
Prof. Andreas Ruby

Statt Hotel
Anne Biehl, Martin Buchholz, Carolin Jasper
Fachhochschule Potsdam

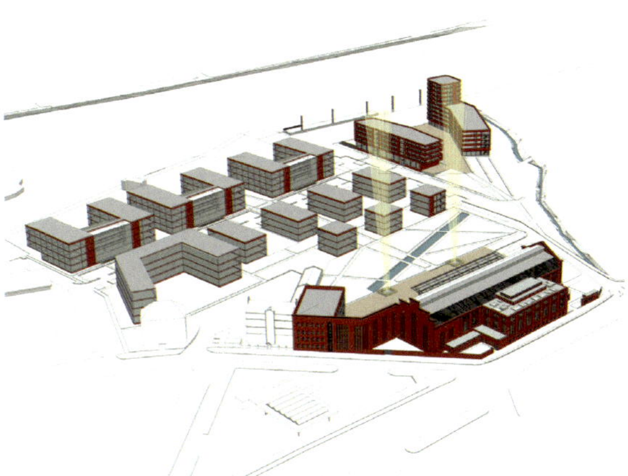

Stadtkontakt
Ronny Meessen, Tim Oliver Worms
Fachhochschule Münster
Dipl.-Ing. Andreas Krys

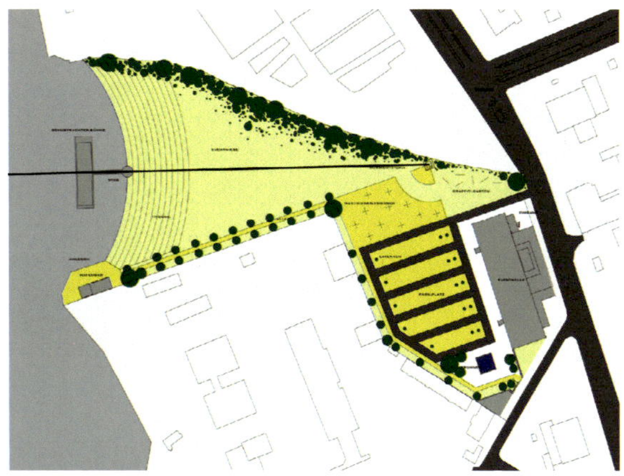

Elektropolis
Marlon Mathis, Axel Planiczky
Fachhochschule Frankfurt am Main
Dipl.-Ing. Jens Daube

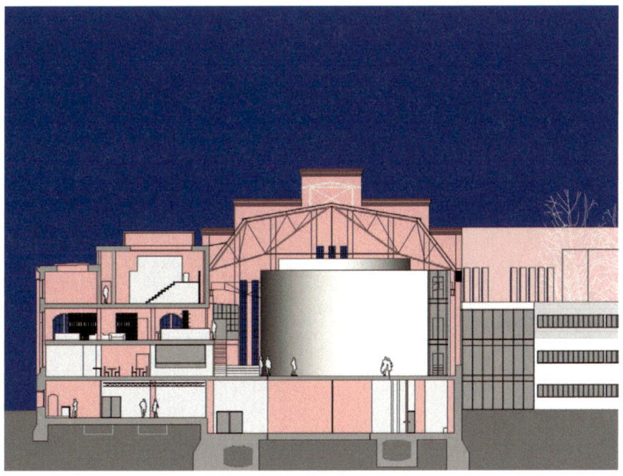

Kultur Rummelsburg

Michael Durst
Fachhochschule Stuttgart
Prof. Ursula Steinhilber

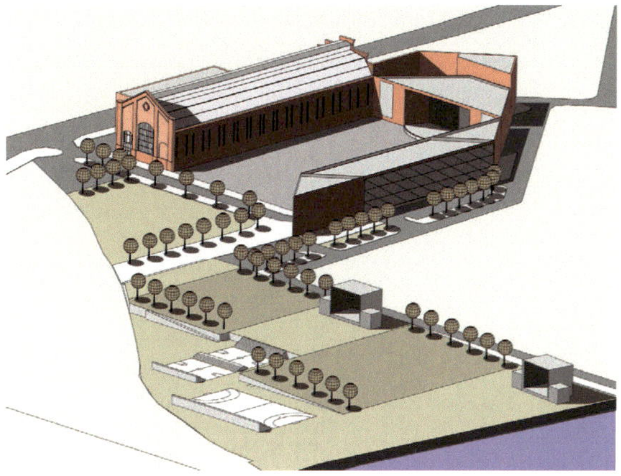

Event-Campus

Christian Engel
Rheinisch-Westfälische Technische Hochschule Aachen
Prof. Dr. Hartwig Schmidt

Das K-Werk

Stefan Fink, Stephan Schwarz
Technische Universität Graz

Discothek und Sportareal

Jörg Niliepovitz, Guido Spengler
Fachhochschule Minden
Prof. Bernd Niebuhr

Scene Berlin

Janina Klein
Fachhochschule Giessen-Friedberg
Prof. Nikolaus Zieske

Zwiekraft

Max Gunst
Rheinisch-Westfälische Technische Hochschule Aachen
Prof. Dr. Hartwig Schmidt

Generator 8

Florian Schneider, Adelbert Scholtysek
Fachhochschule Frankfurt am Main
Dipl.-Ing. Jens Daube

Zirkuswelt Rummelsburg

Dunia Nedjar-Anssari, Claudia Wolf
Technische Universität Darmstadt
Prof. Karl-Heinz Petzinke

Musik und Entertainment

Uwe Meurer
Fachhochschule Koblenz
Prof. Ulf Decker

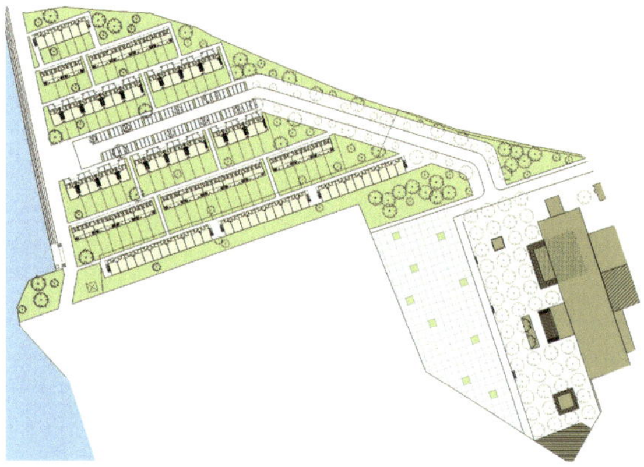

Kranbahntheater

Christian A. Seestern-Pauly
Universität Stuttgart
Prof. Peter Cheret

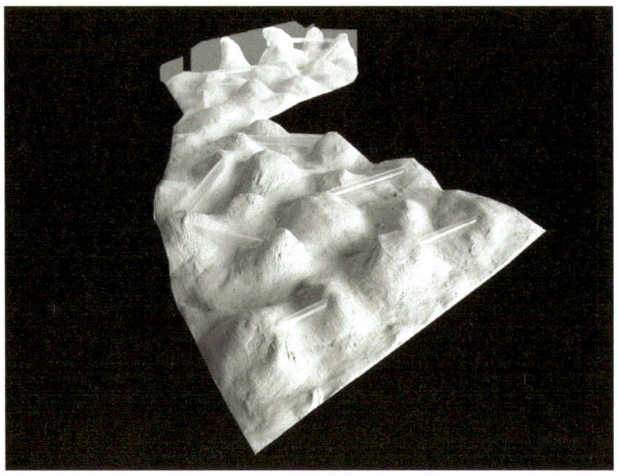

Energiebündel

Antje Stoldt
Hochschule Wismar
Prof. Joachim Andreas Joedicke

Nutzbar

Melanie Bock, Dirk Lüttich
Fachhochschule Frankfurt am Main
Dipl.-Ing. Jens Daube

Erlebniswelt

Maren Schack, Mike Grosskreutz, Carsten Zwinger
Fachhochschule Hamburg

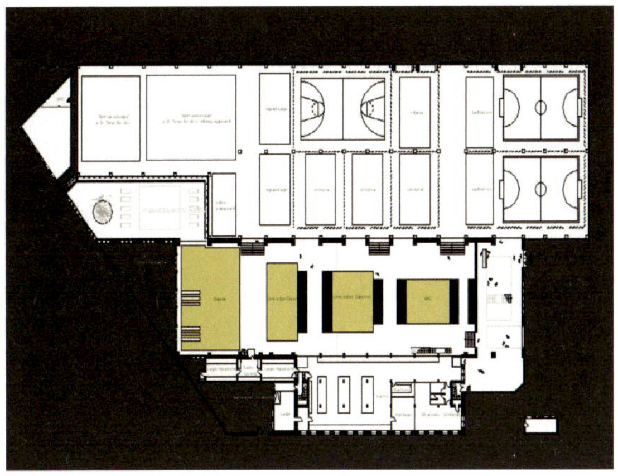

Spiel_Werk

Simon Häcker
Fachhochschule Stuttgart
Prof. Ursula Steinhilber

Areal 2.12

Beatrix Linhart, Jochen Spieß
Fachhochschule Würzburg-Schweinfurt
Prof. Dr. Janofske, Prof. Schirmer, Prof. Voitländer

Erdachte Wirklichkeiten

Sandra Wegner, Frank Zander
Hochschule Wismar
Prof. Joachim Andreas Joedicke

Metropoleum

Andreas Frisch, Malte Kopmann
Technische Universität Darmstadt
Prof. Julian Wekél

Natur Kraftwerk Rummelsburg

Chuhuai Fan, Ruth Esther Gilmore
Universität Hannover
Prof. Dr. Paul Zalewski

Goodvibes

Sahdia Akhtar, Boris Kaster
Fachhochschule Frankfurt am Main
Dipl.-Ing. Jens Daube

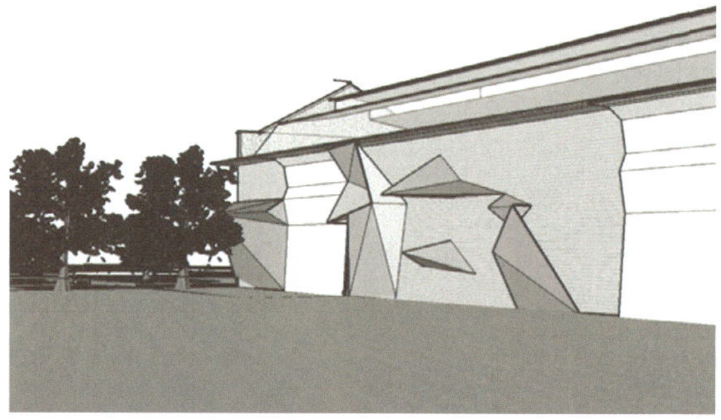

Energy Activity

Alexandra Fach, Kentaro Matsuno
Fachhochschule Frankfurt am Main
Dipl.-Ing. Jens Daube

Just test it

Monica Krecina, Emilia Linkner
Technische Universität Berlin
Prof. Klaus Zillich

Skate´n´ Climb-Center Berlin

Irmina Czapla, Stephanie Krönert, Susan Wagner
Technische Universität Berlin
Prof. Klaus Zillich

Ausspannwerk

Sebastian Paschke, Galina Sidorova
Technische Universität Berlin
Prof. Klaus Zillich

Sport & Adventure Park

Diana Roß, Madlen Zabback
Hochschule Wismar
Prof. Joachim Andreas Joedicke

X-Port

Yu Chen, Le Tao, Yi Zhang
Technische Universität Darmstadt
Prof. Karl-Heinz Petzinka, Prof. Jörg Rostock

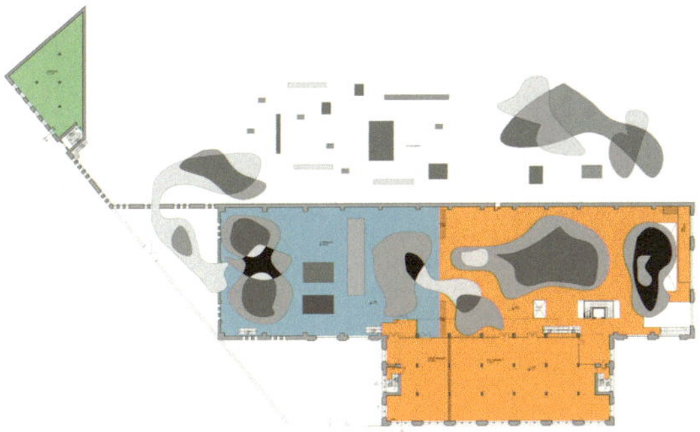

From the Mountain to the Sea

Stefanie Czechl
Hochschule Wismar
Prof. Joachim Andreas Joedicke

Bewegungskraftwerk

Diana Ebner
Fachhochschule Stuttgart
Prof. Ursula Steinhilber

Sportzentrum

Ulrike Otremba
Fachhochschule Oldenburg
Prof. Hartmut Stechow

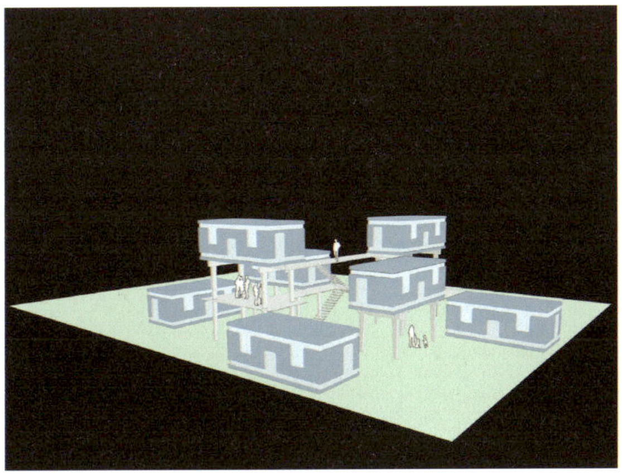

Sportpark Spree

Markus Kuhner, Michael Repp
Fachhochschule Frankfurt am Main
Dipl.-Ing. Jens Daube

Jump

Anja Bungies, Kristin Hulzer
Technische Universität Berlin
Prof. Klaus Zillich

E+Werk Rummelsburg

Jurij Kats, Katja Piskora
Technische Universität Darmstadt
Prof. Karl-Heinz Petzinka

Aufwärmphase

Judith Kauczok, Markus Senger
Fachhochschule Würzburg-Schweinfurt
Prof. Dr. Janofske, Prof. Schirmer, Prof. Voitländer

Wasserwerk

Sieglinde Arenz, Vesna Nikolic
Fachhochschule Würzburg-Schweinfurt
Prof. Dr. Janofske, Prof. Schirmer, Prof. Voitländer

Therme

Stefanie Schwertassek
Technische Universität Darmstadt
Prof. Markus Gasser

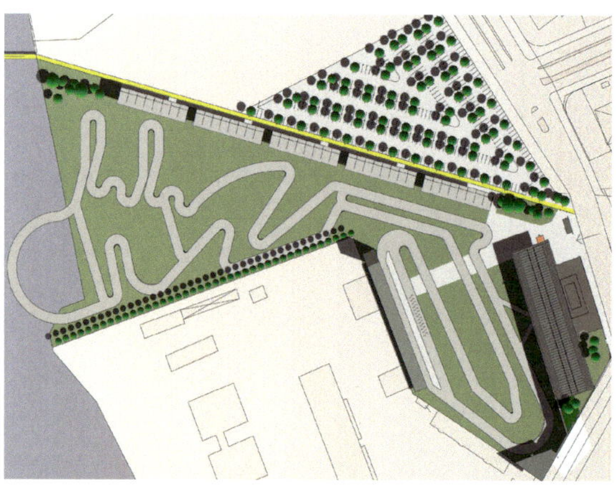

Kart im Kraftwerk

Andrè Atzert, Kiarasch Kuschki
Fachhochschule Würzburg-Schweinfurt
Prof. Dr. Janofske, Prof. Schirmer, Prof. Voitländer

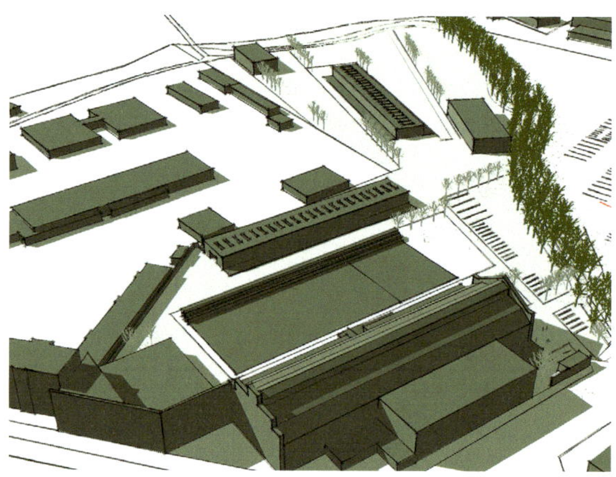

Reitsportzentrum

Christian Hofman, Dominic Pfister
Fachhochschule Würzburg-Schweinfurt
Prof. Dr. Janofske, Prof. Schirmer, Prof. Voitländer

The Art of Therapy

Gunnar Brandt, Erik Hohenhorst
Fachhochschule Lippe und Höxter
Prof. Oliver Hall

Moby Dick & Co

Khaled Damrah, Stephanie Krieger, Frank Müller
Technische Universität Berlin
Prof. Klaus Zillich

R5

Bildquellen Picture Credits
Bewag Firmenarchiv 2/5/8/12/13/17/18/20/22/23 (oben)
Oliver Gierse 10 (rechts)
Hans Achim Grube 11/23 (Mitte)
Christoph Harder 10 (links)
Laufwerk B 6/7/14/15/19/21/23 (unten)/24/25/37/61/95/118
Norbert Thormann 9

Herausgeber Editor
Hans Achim Grube

Ansprechpartner Contact
Vattenfall Europe AG
Bereich Immobilien
Chausseestraße 23
10115 Berlin

Bewag Aktiengesellschaft & Co.KG
Materialwirtschaft, Immobilien und Allgemeine Dienste
Puschkinallee 52
12435 Berlin

Hans Achim Grube
Telefon: 030 / 267 105 40
Telefax: 030 / 267 105 42
grube.hans-achim@bewag.com

Konzept und Redaktion Concept and Editing
Hans Achim Grube
Christina Keseberg
Ulrike Meinhold
Thorsten Dame

Übersetzung Translation
Keiki Communication

Gestaltung Design
Laufwerk B

Druck und Bindung Printing and Binding
GCC Grafisches Centrum Cuno, Calbe

jovis Verlag GmbH
Kurfürstenstraße 15/16
10785 Berlin

Bibliografische Information Der Deutschen Bibliothek
Die Deutsche Bibliothek verzeichnet diese Publikation
in der Deutschen Nationalbibliografie;
detaillierte bibliografische Daten sind im Internet über
http://dnb.ddb.de abrufbar.

www.jovis.de

ISBN 3-936314-38-1